KB133400

너무 재밌어서
잠 못 드는
심리학 사전

초판 1쇄 발행 2018년 5월 31일
초판 2쇄 발행 2019년 9월 24일

지은이 스베야 아이젠브라운
옮긴이 서유리

펴낸이 이상순 주간 서인찬 편집장 박윤주 제작이사 이상광
기획편집 박월, 최은정, 이주미, 이세원 디자인 유영준, 이민정
마케팅홍보 이병구, 신희용, 김경민 경영지원 고은정

펴낸곳 (주)도서출판 아름다운사람들
주소 (10881) 경기도 파주시 회동길 103
대표전화 (031) 8074-0082 팩스 (031) 955-1083
이메일 books777@naver.com
홈페이지 www.books114.net

생각의길은 (주)도서출판 아름다운사람들의 교양 브랜드입니다.

First published as "Lexikon des Unbewussten" by Svenja Eisenbraun
© 2016 by riva Verlag, Muenchner Verlagsgruppe GmbH, Munich, Germany.
www.rivaverlag.de. All rights reserved.

Korean language edition © 2018 by BeautifulPeople

Korean translation rights arranged with Muenchner Verlagsgruppe GmbH through
EntersKorea Co., Ltd., Seoul, Korea.

이 책의 한국어판 저작권은 (주)엔터스코리아를 통한 저작권사와의 독점 계약으로 도서출판 아름다운사람들이 소유합니다.
저작권법에 의하여 한국 내에서 보호를 받는 저작물이므로 무단전재와 무단복제를 금합니다.

스벤야
아이젠브라운 지음

서유리 옮김

너무 재밌어서 잠 못 드는
심리학 사전

"나는 네가 이길 줄 알고 있었어."
"나는 처음부터 그렇게 될 줄 알고 있었어."
"나는 바로 그런 일이 일어날 줄 예상하고 있었어."
"당연하잖아."
"거절할 줄 알았어."
"당연히 그런 일이 일어날 수밖에 없잖아."
"네 전화가 올 줄 알고 있었어."

정말입니까?

→ 171쪽을 펼쳐보세요.

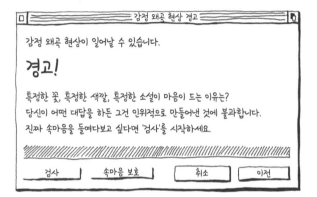

감정 왜곡 현상 경고

감정 왜곡 현상이 일어날 수 있습니다.

경고!

특정한 꽃, 특정한 색깔, 특정한 소설이 마음이 드는 이유는?
당신이 어떤 대답을 하든 그건 인위적으로 만들어낸 것에 불과합니다.
진짜 속마음을 들여다보고 싶다면 '검사'를 시작하세요.

| 검사 | 속마음 보호 | 취소 | 이전 |

→ 141쪽을 펼쳐보세요.

11

"나는 야근을 좋아해.
밤에는 시원하고 무엇보다
조용하거든."

진심입니까?

→ 97쪽을 펼쳐보세요.

머리말

이 책은 지난 2013년, 내가 커뮤니케이션 디자인학과 학사학위 논문을 쓰면서 만든 것이다. 나는 디자이너로서 우리의 일상생활 전반에 분명히 존재하지만 구체적으로 설명하기는 어려운 '무의식'에 특히 매료되었다. 이렇게 구체적으로 표현하기 힘든 것들을 그림으로 표현하고 상징과 세부사항과 함께 자세히 다뤄보는 것을 도전이라고 생각했다.

복잡한 사실들을 이해하기 쉽게 전달하는 것은 결코 쉽고 만만한 일이 아니다. 그 내용들이 우리의 기억 속에 남기 위해서는 우리의 감정적인 영역에 도달해야 한다. 그리고 이것은 우리가 놀라운 연관성을 깨닫게 되거나 예상치 못한 것을 들었을 경우에만 가능하다. 비범하고 진기한 이야기 또는 섬세한 일러스트레이션은 유쾌하고 흥미진진한 학문의 동반자다.

나는 이 책에 과학적인 연구결과와 과학 지식들을 선별해서 수록했으며, 종종 반쪽짜리 진실과 유사종교적인 영역 체험 등으로 왜곡되곤 하는 무의식을 조명하고 지식을 전달하려 노력했다. 우리는 흔히 머릿속에 특정한 생각들이 맴돌고 우리가 이런저런 일들을 하거나 특정한 결정을 내리는 이유를 알고 있다고 생각한다. 하지만 우리는 그 이유를 전혀 모르고 있는 경우가 많다. 누구나, 자신의 상황이나 관점 그리고 사고유형과 상관없이 미혹되고 이런 착각에 사로잡혀 있다(누구도 예외 없이 그렇다 - 당신도 마찬가지다!).

이 책을 읽다 보면 당신이 현상의 일반적인 착각에 얼마나 동조를 하고 있는지 번번이 깨닫게 될 것이다. 우리 머릿속의 자동조종 장치는 생각하는 것보다 훨씬 더 자주 작동하기 때문이다.

나의 주업인 디자인 외에도 심리학과 신경과학의 일부 분야에서 난 거의 전문가가 됐다. 나는 비과학자로서 무의식 세계로의 여행을 감행했고, 내 관심사와 흥미에 따라 지식과 이론과 이야기들을 컬렉션처럼 모았다. 여기서 일러스트레이션을 통해 복잡한 전문서적과 대중문화 사이에 다리를 놓는 것이 나의 가장 큰 관심사였다.

너무 흥미진진해서 자신도 모르는 사이에 많은 지식들을 얻게 될 때 공부하는 것이 가장 재미있지 않은가? 이 책은 아무 장이나 펼쳐서 읽어도 상관없고 반드시 정해진 순서에 따라 읽을 필요가 없으며 책을 읽다가 얼마든지 생각의 나래를 펼칠 수도 있고 서로 연결된 항목들을 통해 흥미로운 사고의 과정을 따라갈 수도 있다.

내가 언급한 여러가지 사례들은 심리학에서도 특히 무의식에 흥미를 가질 수 있도록 상상력과 호기심을 자극한다. 이 책에서 언급되는 많은 현상들을 일상에서 발견할 수 있으며, 여러 상황들을 새롭게 바라보고 이해하는 데 도움이 될 것이다.

스벤야 아이젠브라운

내가 빨간 운동화를 사면
그때부터 매일 빨간색과 마주치게 된다.
왜 다들 갑자기 빨간 운동화를 신고 다니는 걸까?

무임승차객으로서의
의식

✤

착각

**당신은 자신의 행동에 미치는
영향이나 효과를
언제나 잘 알고 있다.**

진실

**당신은 무의식적으로 만들어진
확신에 의해 자주 영향을 받는다는
사실을 모르고 있다.**

프라이밍

당신이 얼마나 의식하지 못하고 살고 있는지, 당신은 의식하지 못하고 있다

당신은 걸어서 출근 중이다. 그러다 길에서 어떤 노부인을 보고선 여행을 떠난 옆집 여자의 부탁을 받아 식물에 물을 주기로 했다는 생각을 문득 떠올린다. 그리고 점심시간에 잠깐 집에 들러 식물에 물을 주고 올까 생각한다. 오늘은 유난히 더위가 기승을 부릴 것이라는 예보가 있었기 때문이다. 2년 전 스페인에서 아예 문밖으로 나갈 수 없을 정도로 무더웠을 때처럼 말이다. 그러면서 당신은 정말 지구의 온난화가 점점 더 심각해지고 있는 것은 아닌지 걱정이 된다. 그리고 당신이 환경에 조금 더 많은 관심을 기울이는 활동을 해야 하는 것이 아닌가 생각한다. 그런데 당신은 너무 바빠서 정기적으로 부모님에게 안부 전화조차 하지 못하고 있다. 그리고 지난주에는 오랜 친구의 생일도 깜빡하고 그냥 지나가버렸다. 그러다가 문득 왜 어떤 사람들은 숫자 기억력이 그렇게 좋을까 하는 의문이 든다. 그리고 정말 사람들이 저마다 표면에 드러나지 않은 다양한 능력을 지니고 있다는 생각이 든다. 그러다가 당신은 갑자기 회사 주차장에 서 있는데 당신이 여기까지 어떻게 왔는지 전혀 알지 못한다.

이런 현상을 '고속도로 가수(假睡) 상태' 또는 '고속도로 최면'이라고 부른다. 육체와 정신이 하나가 되지 못하고 평행선을 달리는 것이다. 우리 머릿속이 자동조종 장치로 전환되는 동안 우리의 의식은 독자적으로 활동하며 항상 똑같은 길보다 더 흥미진진한 주제를 찾아 나선다.

시간적으로 먼저 제시된 자극이 나중에 제시된 자극의 처리에 영향을 주는 현상을 심리학에서는 '프라이밍'(또는 점화효과)이라고 부른다. 냄새, 광경, 소리 또는 몸짓 등 모든 새로운 인상들은 어떤 연상을 불러일으키고 이는 현실을 기억의 혼합체이자 그와 관련된 감정으로 만들어버린다. 이러한 연상의 고리는 계속해서 우리의 뇌에 떠오르게 되고, 사람들은 의식하지 못하지만 우리의 행동에 영향을 미친다. 우리가 인지하는 거의 모든 것들은 연상을 일으키기 때문에 우리의 기억과 감정은 우리가 현실을 어떻게 인식하는지에 근본적인 영향을 미친다.

감정 휴리스틱 → 153쪽

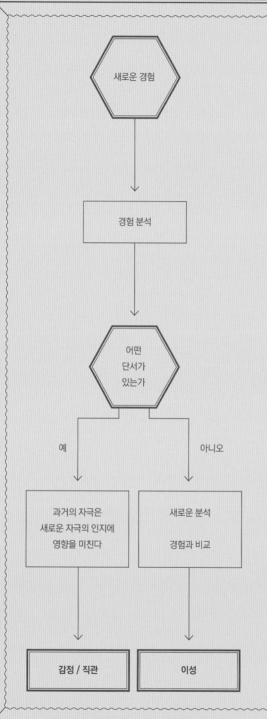

감정적 뇌

우리가 모르는 측면들은 이성이 철저하게 검사를 해야 한다. 기존의 단서를 사용할 수 없고 새로운 분석이 필요하기 때문이다. 우리의 이성은 의식적으로 네 개에서 아홉 개 이상의 정보를 동시에 파악할 수는 없다.

다음 알파벳을 잠깐 보고 순서를 기억하기는 쉽지 않다.

EVDFBBBCHNOUNHCR

정보를 작은 단위로 쪼개면 한결 기억하기 쉬워진다. 열여섯 개의 정보를 다섯 개로 줄이면 암기하는 것이 한결 수월하다.

EV DFB BBC HNO UNHCR

감정적 뇌는 더 오래되고 더 발달된 뇌다. 우리의 이성은 컴퓨터, 글씨 또는 계산자와 같은 보조도구의 도움을 받는다.

체화된 인지

인간은 은유에 강하다. 우리가 만들어내는 의견들은 객관적인 평가가 아니라 몸의 느낌에 근거하는 경우가 많다. 어떤 사람이 김이 모락모락 나는 찻잔을 손에 들고 있으면 우리는 그 사람을 친절하고 따뜻한 사람이라고 판단한다. 업무상 회의를 할 때 딱딱한 의자에 앉아 있으면 우리는 더 무뚝뚝하게 협상을 한다. 어떤 물체와 그 특성들은 우리에게 연상의 고리를 불러일으켜서 (프라이밍) 우리의 생각과 행동에 영향을 미친다.

최후통첩 게임

실험 대상자 한 그룹에게는 직업세계와 관련된 글과 그림을 제공하고 또 다른 그룹에게는 일상적인 글과 그림을 제공한다. 그런 다음에 A그룹에게 마음대로 사용할 수 있는 일정한 양의 동전을 제공한다. A그룹은 B그룹에게 반드시 분배 제안을 해야 하고 B그룹은 이를 받아들이거나 거절할 수 있다. 만약 거절을 할 경우 두 그룹 모두 한 푼도 받지 못한다. 앞서 직업세계와 관련된 글과 그림을 본 그룹에 속했던 참가자들이 더 이기적인 모습을 보이며 동전을 자신들에게 유리하게 분배하려는 경향을 보였다. 일상적인 글과 그림을 본 그룹에 속했던 참가자들은 더 타협적이고 공정한 태도를 보였다. 무의식적으로 이루어지는 과정(프라이밍)은 우리의 생각에 강한 영향력을 미친다. 하지만 참가자들은 그들이 내린 결정의 토대가 되었던 그림의 영향을 의식하지 못한다.

A: 제안자   B: 제안을 받는 사람

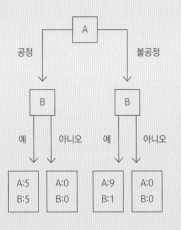

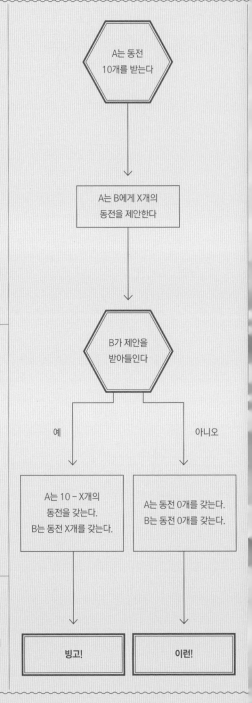

결과

동전을 동일하게 나눌 경우 제안을 받은 사람은 그 제안이 공정하다고 생각한다. 제안자가 갖고 있는 동전보다 더 적은 수의 동전을 제안받으면 대부분의 참가자들은 제안을 거절한다. 사실 동전 하나라도 갖는 것이 전혀 갖지 못하는 것보다는 낫기 때문에 이것은 비합리적인 선택이다.

코카콜라 vs. 펩시

기업은 심리학자들보다 먼저 프라이밍 효과를 알아차렸다. 코카콜라는 푸근함, 아름다운 세상, 유년 시절 그리고 가족으로 '프라이밍'이 된 산타할아버지를 내세워 우리 소비자들에게 영향을 미친다. 실제로 매출이 상승한다. 우리는 무엇을 좋아해야 하는지 무의식적으로 조종당한다. 아름다운 연상 작용이 일어나고 그것이 구매결정에 영향을 미침으로써 소비자들은 기업의 전략에 걸려들게 된다.

착각

**사람들이 당신의 외모와 행동을
유심히 관찰하는 것처럼
느껴진다.**

진실

**특별한 이유가 없으면
사람들은 당신에게
관심을 기울이지 않는다.**

스포트라이트 효과

당신의 풍자가 아주 뛰어나면,
사람들은 당신이
예의 바르다고 생각한다

티셔츠 실험

코넬 대학교에 재직 중인 심리학자 토마스 길로비치(Thomas Gilovich)는 90년대에 스포트라이트 효과를 연구했다.

사람들이 가득한 방에 혼자 들어가게 되면 모든 사람들이 자신을 쳐다보고 있다는 느낌을 받게 된다. 길로비치 교수는 민망하거나 끔찍한 티셔츠를 입은 실험 참가자들이 사람들로 가득한 방으로 들어가는 실험을 진행했다.

눈에 띄는 티셔츠를 통해 스포트라이트 효과를 더욱 극대화하려고 했다. 실험 참가자들은 방안의 사람들 중 약 50% 정도가 민망한 티셔츠를 알아차렸을 것이라 예상했다. 하지만 실제로는 20% 정도만이 티셔츠를 알아차렸다. 그리고 또 다른 실험에서 참가자들은 멋지고 한창 유행중인 티셔츠를 입고 방 안으로 들어갔다. 이번에도 절반 정도가 주목할 것이라 예상했다. 하지만 이 경우에 티셔츠를 눈여겨본 사람은 10%도 채 되지 않았다.

맙소사, 사람들이 대체 뭐라고 생각하겠어요?

그러나 사람들은 별다른 생각을 하지 않는다. 대부분의 사람들은 그런 민망한 일은 눈치조차 채지 못한다. 그리고 설사 눈치챈다고 하더라도 별다른 관심을 기울이지 않는다.

당신은 주변 사람들이 당신이 하는 행동이나 당신의 생김새를 아주 유심히 관찰하고 당신을 지켜본다고 자주 느낀다. 이를 '스포트라이트 효과'라고 부른다. 당신은 모든 사람들이 당신이 새로 구입한 비싼 가죽 코트를 알아볼 것이라 생각한다. 하지만 그렇지 않다. 그리고 당신도 마찬가지로 어떤 특별한 옷을 입은 여자나 고급스러운 양복 때문에 눈에 띄는 남자를 본 것을 거의 기억하지 못하고 있을 것이다.

대부분의 사람들은 자기중심적인 경향이 있다. 그렇기 때문에 사람들이 실제로 다른 사람들에게 얼마나 관심을 갖는지 가늠하기가 힘들다. 특별히 주의를 기울여야 할 이유가 없다면 대부분의 사람들은 별로 주목을 받지 않은 채 자신만의 우주에서 둥둥 떠다닌다.

사람들은 자신이 눈에 잘 띄지 않는다는 것을 간과한다. 사람들은 자신의 행동, 생김새 그리고 등장으로 외부에 분명한 신호를 보낸다고 생각한다. 하지만 주변에서는 거의 눈치채지 못한다. 사람들은 긍정적인 면이든 부정적인 면이든 그렇게 관심을 기울일 만하다고 여기지 않는다. 따라서 진실은 이렇다. 당신은 시도 때도 없이 주목을 받고 있지 않다.

더닝 크루거 효과
→ 43쪽

착각

**겹겹이 쌓인 화를
한번 제대로 분출하면
스트레스를 잘 풀 수 있다.**

진실

**겹겹이 쌓인 화를
계속 분출하다 보면
점점 더 공격적이 된다.**

카타르시스

화를 풀어라

'날려버려!' 화를 풀지 않은 채로 화가 부글부글 끓어올라 당신의 눈을 멀게 하면 당신은 언젠가 텔레비전과 그릇을 깨뜨리게 된다. 당신의 내면이 화산처럼 부글부글 끓어오르는 상태가 되어 주변에 통제할 수 없는 이글거리는 검붉은 용암을 쏟아내지 않도록 조심하자. 베개가 터져서 사방에 깃털이 날릴 때까지 힘껏 쳐라. 울타리를 걷어차라. 문을 세게 쾅 하고 닫아버려라.

그러면 기분이 한결 좋아질 것이다!
정말 기분이 한결 좋아졌는가?
일시적으로는 그럴 것이다.

하지만 조심해야 한다! 우리는 흔히 정화라는 말을 그리스 용어인 '카타르시스'로 바꿔서 사용하고 이 말에 안도감을 느끼지만 반대로 우리를 마치 마약처럼 중독되게 만든다. 화학 물질들이 우리의 뇌 속에 떠돌아다니며 또다시 분노를 표출하라고 재촉한다. 그러나 더 공격적이 아니라 더 평온해지기 위해서는 제대로 진정하는 것만이 도움이 된다.

차분하게 기다리며
차 마시기

착각

**다른 사람들은 대중매체가
전달하는 것을 거의 다 믿는다.
– 하지만 자신의 행동과 견해만은
대중매체의 영향을 덜 받는다.**

진실

**누구나 자신이 받는 영향을
과소평가한다.**

제3자 효과

당나귀와 나

주입 → 55쪽

'제3자 효과'는 자신이 다른 사람들보다 미디어, 광고, 정치가 또는 나를 유혹하는 사람의 영향을 덜 받는다고 생각하는 것을 말한다. 그런 영향은 모든 사람들을 속일 수 있다. 나만 제외하고. 모두가 쉽게 속아 넘어가거나 귀가 얇은 다른 사람들과 자신은 현저히 다르다고 생각한다. 대중들은 대부분 소위 전문가라고 하는 사람들이나 권위 있는 기관의 먹잇감이 될 위험에 처해 있다. 그러니 다른 사람들보다 자신이 영향을 덜 받고 귀가 얇지 않다고 생각하는 것은 환상에 불과하다.

자기 가치를 높이는 데 유용한 왜곡

우리는 자신의 실패를 다른 사람들이나 외부상황의 탓으로 돌리려고 하는 경향이 있다. 반면에 성공은 자기 자신의 재능과 능력 때문이라고 생각한다. 우리는 가능하면 긍정적인 자아상을 간직하고 싶어 하며 자기 가치를 높이고 실패의 두려움을 낮추기 위해 다른 사람들에게 잘 보이고 싶어 한다. 우리가 낙심하거나 회의와 두려움에 빠지지 않고 성공적으로 계속 살아갈 수 있도록 우리는 생물학적으로 그렇게 만들어졌다.

사람은 당나귀다. 우매하고 우둔하다.
그리고 쉽게 속아 넘어간다.
나는 터덜터덜 뒤따라가기보다는
차라리 앞서 걸어간다.

착각

자본주의적인 이익추구와
소비를 자극하는 것은
기업들의 캠페인과 광고다.

진실

소비와 자본주의는
뒤떨어지지 않으려는
소비자의 지속적인 의지에 의해 움직인다.
그것이 주류문화이든 대항문화이든 말이다.

매진

소비자 반란은 없다

당신이 스스로를 아무리 특별하고 독특하다고 생각한다 할지라도 당신 역시 시스템에 속해 있고 물건을 구입하며 돈을 지출한다. 당신은 주류 제품을 구입하는 것을 피할 수는 있지만 잘 알려지지 않은 상표도 언젠가 유명해지고 성공을 거두고 처음에는 유명하지 않았던 새로운 패션 회사, 제조업체, 그리고 락밴드까지도 적은 소비계층을 유지하지만 언젠가 상업적이 되어간다. 그들이 대중들 속으로 들어가면 개인주의자들과 혁명가, 히피, 그리고 유행을 선도하는 사람들은 또 다시 새로운 것을 찾아 나서야 한다. 다양한 선택가능성과 계속 돌고 도는 유행으로 인해 소비가 증가한다. 심지어 종속되지 않으려는 사람들과 대항문화가 오히려 소비를 부추기는 힘이 되기도 한다.

인생의 목적은 자기 실현이다.
자신의 본성을 완전히 실현하는 것,
바로 그 목적을 위해 우리 각자가 존재하는 것이다.

오스카 와일드(Oscar Wilde)

스티브 어클(Steve Urkel)

신분 오리지널 힙스터(유행 등 대중의 큰 흐름을
따르지 않고 자신만의 고유한 패션과 음악 문화를
좇는 부류–옮긴이 주)
특징 길이가 짧은 바지, 알록달록한 멜빵, 두꺼운
뿔테 안경, 조심성이 없으며 자신의 아코디언과
폴카 그리고 로라를 사랑한다.

스티브 어클은 1990년대에 방영되었던 미국
시트콤 〈패밀리 매터스〉에 등장하는 캐릭터다.
스티브는 원즐로 가족의 이웃으로 시도 때도 없이
원즐로 가족을 찾아온다. 당시에는 특이한 괴짜로
통했지만 오늘날에는 힙스터의 전형으로 통한다.

두뇌
IQ 196 (셸던 쿠퍼보다 9 높다), 과학자,
타임머신과 로봇 개발자.

뿔테
-7디옵터, 안경테가 광대뼈까지 내려옴,
알록달록한 안경 줄.

줄무늬 셔츠
어수선한 줄무늬 셔츠를
화려하고 무늬가 있는 카디건과 함께
입는다.

짧은 바지
타이트한 청바지에 알록달록한 멜빵을
메어 바지허리가 배꼽 근처에,
바지 밑단은 복숭아뼈 정도 오게 입는다.

알록달록한 양말
바지 밑단 아래 보이는 양말, 유행이
지난 구두, 은퇴자 패션, 어클 춤을
추기에 안성맞춤.

파이트 클럽
FIGHT CLUB

장르 스릴러
감독 데이비드 핀처
개봉연도 1999년
수익 전 세계적으로 1억 달러
현재 IMDb(인터넷 영화 데이터베이스)
10위

주인공은 소비 사회를 살아가는 전형적인 중산층으로 웬만해선 눈에 띄지 않는 지극히 평범한 사람이다. 그는 비행기에서 우연히 비누 장사를 하는 타일러 더든을 만나게 되면서 인생이 완전히 변한다. 그리고 어떤 사건으로 그의 집이 폭발한 후 타일러의 허물어져가는 집에서 함께 살기 시작한다. 두 사람은 '파이트 클럽'이라는 비밀 조직을 결성하고 이 조직에서 기존의 질서에 대항하는 군대인 '프로젝트 카오스'가 만들어진다. 그러나 조직이 확대되면서 이런저런 문제들로 결국 사망자까지 발생한다. 이름이 없던 주인공은 자신의 다중적인 인격에 대해 알게 되는데 그 자신이 타일러 더든이었다.

커트 코베인
KURT COBAIN †

직업 록그룹 너바나 멤버, 록 뮤지션
자산 1억 달러
현재 1994년 헤로인 과다복용과 두부 총상으로 사망

커트 코베인은 어렸을 때부터 과잉행동으로 눈에 띄는 아이였다. 화목하지 않은 가정에 살던 그는 음악에 빠져들어 청소년 시절에 이미 친구들과 펑크밴드와 록밴드를 결성해서 연주를 시작했다. 그는 학교를 중퇴하고 여러 밴드와 함께 투어를 하다가 '너바나'라는 밴드를 결성한다. 그는 위장통증을 마약, 특히 헤로인으로 다스렸다. 코베인은 좌파 성향이었고 사회 비판에 앞장섰으며 페미니즘, 동성애에 찬성하고 인종주의, 관료주의 국가 그리고 교회에 대항했다. 그가 자살한 이후 그의 음악은 사망 전보다 훨씬 더 많은 인기를 누렸다.

마이클 무어
MICHAEL MOORE

직업 영화감독, 작가
자산 5,000만 달러
현재 181kg

작가이자 영화감독인 마이클 무어는 좌파성향의 신랄한 영화와 방송을 만들었고, 전 세계적으로 큰 인기를 끌었다. 책이든 영화든 그의 작품들은 정부와 미국 사회의 모든 논란거리에 불을 지폈다. 마이클 무어는 대립적인 입장을 분명히 했고, 그 때문에 그의 다큐멘터리가 너무 주관적이라는 비난을 받기도 했다. 무어는 그의 가장 지독한 적인 조지 W. 부시와 마찬가지로 사람들을 친구와 적으로 철저하게 나눈다. 그를 비판하는 사람들은 그가 200만 달러에 달하는 '레이크사이드 맨션'을 매입한 후에 그가 그토록 비난하던 사람들과 어떤 차이가 있는지 의문을 제기한다.

착각

당신은 스스로가 어떤 도전을
얼마나 잘 해낼지
예측할 수 있다.

진실

대부분 당신은
당신이 실제로 얼마나 잘하는지
그리고 그것이 얼마나 큰 도전인지
제대로 예측할 수 없다.

06

더닝 크루거 효과

우둔함과 자만은 일맥상통한다

가끔 별다른 재능이 없어 보이는 사람들이 텔레비전 쇼나 오디션, 각종 경기 등에 출연하는 것을 본 적이 있을 것이다. 그리고 출연자 중 일부가 수백만 명의 사람들 앞에서 처참히 망신을 당하면서도 자신이 무엇이 부족해서 탈락했는지 전혀 이해하지 못하는 장면도 보았을 것이다. 왜일까? 이것은 바로 더닝 크루거 효과(Dunning Kruger effect) 때문이다. 이런 사람들은 인지가 왜곡되어 있다. 이들은 다른 사람들의 능력을 알아차리지 못하고 동시에 자신들의 능력을 과대평가한다. 이들은 진심으로 자신이 최고라고 생각하며 매주 소도시에 있는 작은 노래방에 모여 노래를 부른다. 하지만 친구들로부터 박수를 받는다고 해서 슈퍼스타가 되는 것은 아니라는 사실은 철저히 간과한다.

스포트라이트 효과 → 25쪽

초짜에서 벗어난 지 얼마 안 된 아마추어들은 간혹 어떤 주제에 대해 흔히 자신을 전문가라고 여긴다. 하지만 그런다고 해서 전문가가 될 수는 없다. 이들은 어떤 특정한 학문영역의 차원과 난이도는 과소평가하면서 자신들의 능력을 잘못 평가하거나 과대평가한다. 경험, 지식 그리고 잘 모르는 게 있다는 것을 인지하는 사람이야 말로 진짜 능력 있는 사람이며, 그런 이들은 다른 사람과 비교해서 자신이 어느 정도 수준인지를 잘 알고 있다. 생물학자 찰스 다윈은 이런 말을 남겼다. '무지(無智)는 지식보다 더 확신을 갖게 한다.'

자기 불구화 현상 → 97쪽 어쨌든 자신의 무능력을 이렇게 제대로 인지하지 못하는 사람은 자신의 능력을 증대시킬 수는 없지만 자신감을 높일 수 있으며 무력하게 만드는 우울증으로부터 멀어질 수 있다.

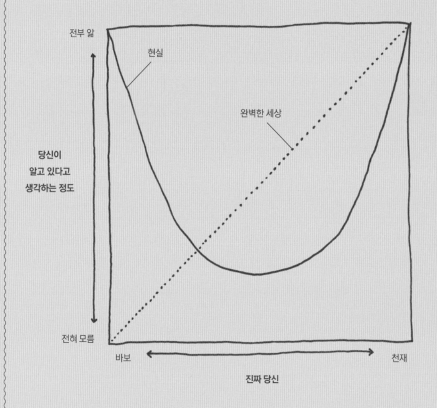

전부 앎

당신이
알고 있다고
생각하는 정도

현실

완벽한 세상

전혀 모름

바보

진짜 당신

천재

**이 세상의 문제는
바보들이 자기 확신이 지나친 데 비해
똑똑한 사람들은 의심이 너무 많다는 것이다.**

버트런드 러셀(Bertrand Russel) – 철학자

더닝 크루거 테스트

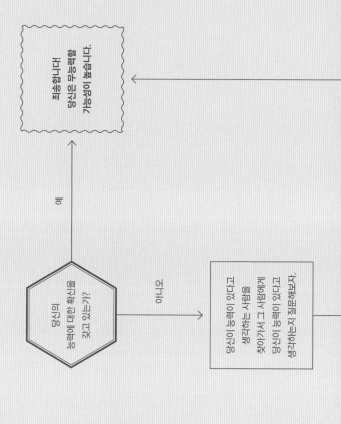

당신의
능력에 대한 확신을
갖고 있는가?

예 →

죄송합니다!
당신은 무능력할
가능성이 높습니다.

아니오 →

당신이 능력이 있다고
생각하는 사람을
찾아가서 그 사람에게
당신이 능력이 있다고
생각하는지 질문해보자.

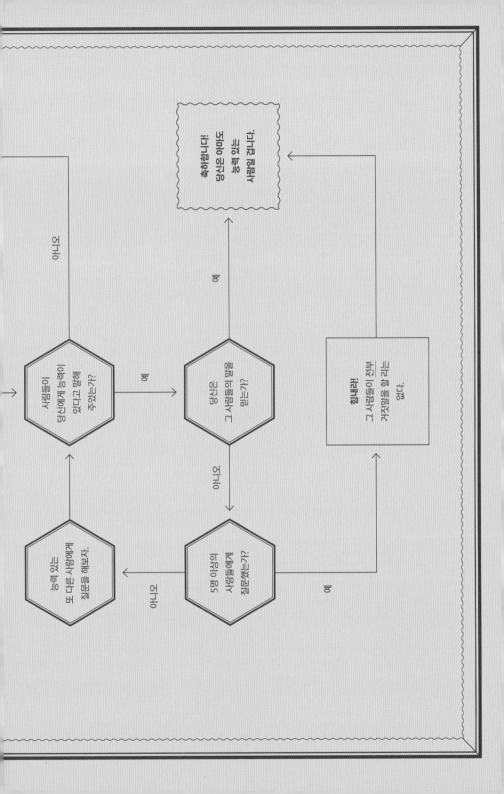

축하합니다!
당신은 또마음이 능력 있는 사람일 것입니다.

당신은
그 사람들의 말을
믿는가?

예

사람들이
당신에게 능력이
있다고 말해
주었는가?

아니오

예

힘내게.
그 사람들이 전부
거짓말을 할 리는
없다.

능력 있는
또 다른 사람에게
질문을 해보자.

아니오

5명 이상의
사람들에게
질문했는가?

예

아니오

착각

**섹스 인형을 사용하는
남자들은 미쳤다.**

진실

**섹스 인형과 슈가 대디*는
아주 효과적인 자극제가 된다.**

＊ 돈 많은 중년 남자를 일컫는 말로, 보통 성관계 대가로 자기보다
훨씬 젊은 여자에게 많은 선물과 돈을 안겨주는 사람을 뜻함-옮긴이 주

07

비정상적 자극제

파이어 비틀

수컷 오스트레일리아 파이어 비틀이 살아가
는 주목적은 분명하다. 바로 짝짓기를 하는
것이다. 수컷은 짝짓기를 하기 위해서 갈색에
반짝거리는 몸을 가진 커다란 암컷을 찾아다
닌다. 그런데 수컷이 버려진 맥주병을 발견하
는 순간 암컷을 까맣게 잊어버린다. 갈색 맥
주병은 수컷이 원하는 모든 자극들을 넘칠 정
도로 전부 갖고 있기 때문이다. 아무리 뛰어
난 파이어 비틀 암컷이라고 해도 맥주병을 능
가할 수는 없다.

실제 크기

주요 정보

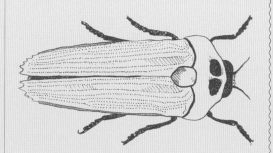

1cm

학명 Merimna atrata → '검은 근심'

목 딱정벌레목

과 비단벌레과

아과 비단벌레아과

크기 약 20mm

고향 오스트레일리아

서식지 유칼립투스 나무

먹이 식물성

특이점 뚜렷한 어깨, 배에 알록달록한 털

완벽보다 더 완벽한

반짝거리는 커다란 갈색 맥주병, 이상적인 몸매로 만들어진 섹스 인형 또는 고소한 기름 냄새가 솔솔 풍기는 감자 튀김은 우리의 원초적인 본능을 자극한다. 우리는 이런 것을 마주하는 순간 언제 또 이런 기회가 올지 모르기 때문에 실컷 만끽하려고 한다. 이 모든 것은 '비정상적인 자극제'들이다. 다시 말해 이것들이 주는 열쇠자극(key stimulus, 대상이 나타내는 특징에 포함되는 극히 특수한 요소에 촉발되는 자극-옮긴이 주)은 지나치게 극단적으로 두드러져서 실로 엄청난 매력으로 우리를 끌어당긴다. 자연이 만들어낼 수 있는 것보다 더 완벽한 대상은 모든 상상을 뛰어넘는 비정상적인 자극을 준다. 특히 짝짓기와 오락 그리고 우리의 식욕은 이런 대상들로부터 강한 자극을 받는다. 이것들은 자연 상태로 존재하는 자극보다 더 강한 자극을 유발한다. 열쇠자극은 번식, 종족 보존 그리고 생존에 기여한다. 이것이 조작되거나 차단되면 중대한 결과를 초래할 수 있다. 그래서 귀가 먹은 암탉이 병아리를 죽이기도 한다. 포육하는 데 열쇠자극이 되는 삐악 소리를 듣지 못하기 때문이다. 대부분의 사람들은 자신들의 욕구를 통제할 수 있다. 하지만 완벽한 것보다 더 완벽한 것이 나타나면 '평범한 상태'보다 더 좋은 것을 가지려는 허위적 선택의 기로에 놓이게 된다.

고무 인형

어떤 남자들은 플라스틱, 비닐 소재 또는 라텍스로 만든 가슴이 큰 인공 신체에 강한 성적 매력을 느낀다. 커다란 가슴, 잘록한 허리 그리고 큰 엉덩이와 두툼한 입술 그리고 물결치는 머리칼의 조합은 이들에게 비정상적인 자극제가 된다. 흔히 엉덩이와 허리의 비율은 여성의 건강상태를 알려준다고 인식되고 있다. 무의식적으로 그 비율이 0.7 정도일 때 흔히 여성은 더 건강한 것으로 인식되어 번식에 보다 적합하다고 생각한다. 〈플레이보이〉 잡지에 등장하는 여성들은 예전보다 훨씬 날씬해졌지만 허리와 엉덩이의 비율은 언제나 완벽한 비율인 0.7을 유지하고 있다. 이런 비정상적인 자극제는 자신 앞에 건강한 여성이 있다는 결론을 성급하게 내리게 만든다. 허리와 엉덩이의 비율이 낮을수록 여성들이 아이를 임신하는 것이 쉽지 않음에도 불구하고 많은 사람들이 여전히 그것을 매력적으로 여긴다.

$$\frac{\text{허리}}{\text{엉덩이}} = 0.7$$

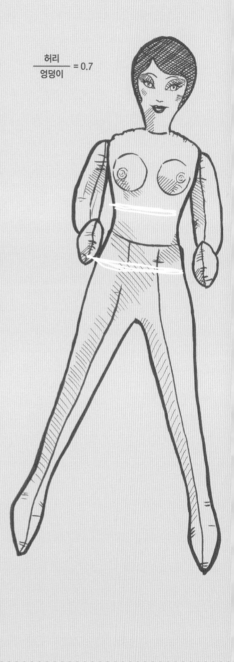

휴 헤프너 HUGH HEFNER

본능은 남성과 여성들이 파트너를 선택할 때 다양한 기준을 제시한다. 남자들은 종족번식의 욕구를 가지고 있지만 임신을 할 필요가 없기 때문에 자신의 아이의 어머니가 될 여성의 건강상태와 임신 가능성 여부를 중요시한다. 아이를 임신하고 양육해야 하는 여성들은 아이의 아버지가 될 남자의 사회적 지위, 능력 그리고 자원에 관심을 갖는다. 파트너를 선택할 때 실수를 하지 않는 것이 실존적인 의미를 갖는다. 그런데 비정상적인 자극제는 이를 왜곡시킬 수 있다. 자연의 이치대로라면 번식 가능한 여성은 노년의 남자를 거들떠보지 않는다. 하지만 백만장자에다가 사회적 명성과 지위를 갖고 있는 슈가 대디라면 이야기가 달라진다. 1926 년생인 남성잡지 〈플레이보이〉 창간인 휴 헤프너의 경우가 그렇다. 두 번의 '평범한' 결혼생활을 하고 아이를 낳은 그는 현재 여러 명의 여자 친구들(대부분 18살에서 29살 사이)과 함께 자신의 저택인 플레이보이 맨션에서 함께 살고 있다. (그는 2017년 9월 27일, 91세의 나이에 노환으로 사망했다–옮긴이 주)

착각

**멍청한 사람들만
사이비 집단에 속아 넘어간다.**

진실

**사이비 집단의 일원들은
나와 당신과 마찬가지로
지극히 평범한 사람들이다.**

08

주입

권력 게임

제3자 효과 → 33쪽

사람들은 어떤 집단이나 단체에 속하고 친구들과 무리를 지으며 살아간다. 이런 상황에서는 사이비 집단이 생겨나는 시점을 정확하게 정의하기가 매우 힘들다. 대부분의 사람들은 자신이 절대 사이비 집단에 속아 넘어가지 않을 것이라 생각한다. 하지만 사이비 집단의 회원들은 절대 연약하고 불안정하기만 한 사람들이 아니다. 카리스마를 가진 한 사람이 있고 그 사람의 주변인들이 권위를 인정해주면 누구나 그 집단의 지지자가 될 수 있다. 그리고 리더가 그 힘을 어떻게 사용하느냐에 따라, 다시 말해 권력을 남용하느냐 아니면 평화롭고 건설적으로 사용하느냐에 따라 건전한 집단이 될 수도 있고 사이비 집단이 될 수도 있는 것이다. 사이비 집단이 의도적으로 만들어지는 경우는 거의 없다. 대부분 주입을 가능하게 하는 기이한 권력구조로 인해 나타난다. 어떤 유명 록밴드나 작가의 팬이 되어본 경험이 있는 사람이라면 사이비 집단의 회원이 될 수 있는 첫 번째 전제조건을 이미 충족하고 있는 것이다.

사회적 본능 → 193쪽

찰스 맨슨
CHARLES MANSON

직업 포크록 음악가, 맨슨 패밀리 교주
특이사항 지지자 대부분이 빨강머리 여성

맨슨은 히피 공동체인 '맨슨 패밀리'의 교주로 소속 회원들이 그를 위해 다섯 명을 죽였다. 그의 지지자들은 맨슨과 마찬가지로 대부분 어려운 가정 출신들이었다. 이 단체는 대부분이 여성 회원들임에도 불구하고 인종주의적이었고 반여성적이었고 마약을 이용해서 순순히 그를 따르게 만들었다. 그는 현재 종신형을 선고받아 복역 중이다.(최근까지 수감중이던 그는 2017년 11월 19일 사망했다–옮긴이 주)

마하트마 간디
MAHATMA GANDHI †

이름 모한다스 카람찬드 '마하트마' 간디
직업 변호사, 혁명가, 저널리스트
특이사항 평화운동가, '마하트마'는 '위대한 영혼'이라는 의미, 숭배의 대상

인도 독립운동의 지도자로서 간디는 인도를 영국의 식민지 지배로부터 독립시켰다. 그가 내세운 원칙은 자치, 비폭력 그리고 진실 고수였다. 그는 반대자들도 자신의 편으로 만들려고 노력했다. 간디는 1948년에 피격당해 사망했다. 그는 열두 번이나 노벨 평화상 후보에 올랐다.

짐 존스
JIM JONES †

이름 제임스 워렌 존스
직업 '인민사원' 교주
특이사항 집단 자살 주도

존스는 가난하고 고립된 환경에서 성장했다. 그의 어머니는 아들 짐이 메시아라고 확신했다. 이런 가정환경이 아이의 성장에 영향을 미쳤다. 신앙심이 깊었던 존스는 인종주의, 증오 그리고 억압에 맞서 싸웠고 결국 '인민사원'을 설립해서 조화롭게 살아가는 공동체를 만드는 그의 꿈을 이루었다. 그는 자신의 제자들과 함께 가이아나에 '존스타운'이라는 마을을 만들었지만 그곳은 결코 평화롭기만 한 것은 아니었다. 1978년, 존스는 그곳에서 그의 제자 900여 명과 함께 집단 자살했다.

체 게바라
CHE GUEVARA †

이름 에르네스토 게바라 데 라 세르나
직업 마르크스주의 정치가, 게릴라 지도자, 작가
특이사항 팝스타, 컬트, 국민영웅

게바라는 쿠바 국경을 넘어 혁명을 시도했다. 사회적 불평등에 대항한 싸움에서 그는 피델 카스트로와 함께했고 1959년에 있었던 게릴라전의 핵심 인물 중 한 명이었다. 그의 이름은 오늘날까지 저항과 항의의 상징으로 사용되고 있다. 하지만 그는 반대자들을 무자비하게 다루고 사형집행을 지시했으며 강제노동 수용소를 만들었다는 비난을 받고 있기도 하다.

착각

**인생의 실패는
자기 탓이다.**

진실

**행운은 주로 우연히 주어지고,
부도덕은 주로
별다른 처벌 없이 지나간다.**

09

세상이 공정하다는 믿음

어떤 스위치를 켜고 끄는 일에 있어
우리의 뇌는 스팍 선장만큼이나
냉정하고 계산적이다.
△

다 자기 탓이다

이 세상은 공정하게 돌아가고 있고, 사람들의 운명은 모두 자기 탓이다. 올바르게 행동하기만 하면 나쁜 일은 일어나지 않는다. 이것이 바로 '세상이 공정하다는 믿음'이다. 하지만 착각이다. 이 세상은 공정하지도 공평하지도 않다. 그럼에도 불구하고 많은 사람들은 여전히 언제나 세상이 공정하고 공평하다고 생각한다. 예를 들어 늦은 밤, 집으로 돌아가는 인적이 드문 길을 걸어가던 남자가 강도를 만나게 되면 많은 사람들은 늦은 밤에 돌아다닌 피해자에게 잘못을 돌리려는 경향이 있다. 하지만 잘못은 피해자에게 있는 것이 아니라 엄연히 강도에게 있다. 그런데도 우리는 현명하고 조심스럽게 행동하기만 하면 우리에게 나쁜 일이 일어나지 않으리라 생각한다. 세상이 공정하다는 믿음은 우리에게 안정감, 통제 가능성 그리고 예측 가능성을 준다. 그 믿음이 우리로 하여금 인생의 모든 위험과 사회적인 불평등을 더 잘 견뎌낼 수 있게 만들어준다.

스팍 선장
(미국 TV 시리즈 〈스타트렉〉의 등장인물로, 냉정하고 이성적인 발칸족 외계인이다–옮긴이 주) 신경학자들은 대부분의 사람들은 한 사람을 죽임으로써 여러 사람의 목숨을 구할 수 있다면 기꺼이 떨어진 거리에서 스위치를 작동할 마음이 있다는 사실을 밝혀냈다. 하지만 희생자에게 직접 손을 대야 하면 감정시스템이 작동해서 그 제안을 거절한다.

착각

**공포, 탈출 또는 공격 본능은
비상시에 당신의 행동을 지배한다.**

진실

**갑작스러운 위기 상황에서
당신은 마치 아무 일도 없는 것처럼
아주 느리고 느긋하게 행동한다.**

10

정상화 편향

기절

비상 상황이 발생한다. 강하고 세차게 몰아치는 예기치 못한 상황이다. 이내 당신은 공포에 사로잡히고 당신의 탈출 본능과 공격 본능이 순간적으로 모습을 드러낸다. 과연 그럴까? 이때 정상화 편향(Normalcy Bias)이 작동할 가능성이 크다. **당신은 경직되면서 벌어진 상황을 분석하고,** 이해해보려고 하지만 이것은 도무지 있을 수 없는 일이고 당신의 뇌는 한 번도 이런 상황을 생각해본 적이 없기 때문에 쉽게 판단할 수가 없다. 당신은 수동적인 태도를 취하며 모든 것이 곧 질서 있는 예전의 상태로 돌아갈 것이라는 (근거 없는) 희망을 품는다. 충격으로 인한 경직을 풀 수가 없기에 탈출할 수 있는 충동조차 일어나지 않는다. 어떤 동물들은 위험 상황을 모면하기 위해 심지어 죽은 척을 하기도 한다 (죽음의 본능). 매일같이 미디어에 등장하는 수많은 뉴스와 과장된 사건, 사고 들은 '정상화 편향'을 확인시켜주고 있으며 진짜 위급상황에서 우리가 제때 행동하는 것을 방해한다.

방관자 효과
→163쪽

재앙: 비행기

1977년에 보잉747 비행기 두 대가 짙은 안개로 뒤덮인 테네리페 섬 활주로에서 충돌했다. 충돌한 비행기 두 대의 운항 속도는 시속 250킬로미터였다. 한 대는 그 자리에서 폭발해 화염에 휩싸였고 탑승객 전원이 사망했다. 496명의 승객을 태우고 있던 또 다른 비행기는 여러 동강 나며 마찬가지로 불길이 치솟았다. 하지만 안전벨트를 풀고 비상 탈출 슬라이드를 통해 탈출하는 것은 가능했다. 그런데 496명 중 61명만 움직였다. 나머지 승객들은 좌석에서 꼼짝하지 않고 그대로 앉아서 불길 속에서 목숨을 잃었다.

죽음의 본능 쇼크성 경직

어떤 동물은 위협을 느끼거나 갑작스러운 스트레스 상황에 놓이게 되면 충격으로 인한 경직상태에 (죽음의 본능, 타나토스라 부르기도 한다. 그리스어 '죽음의 지배자'를 뜻하는 타나토니스에서 유래) 빠진다. 완전히 움직일 수 없는 상태가 되는 것이다. 포식자는 본능적으로 먹잇감이 도망치는 것에 익숙

해 있기에 포식자에게서 도망칠 수 있는 기회가 없다면 죽은 시늉을 해서 자신을 보호하려는 것이다. 일부 곤충, 거미, 파충류, 조류 그리고 염소들에게 이런 반응이 나타난다.

특정한 종류의 염소 같은 경우는 근긴장증이라는 유전병 때문에 위험상황에 처

하거나 흥분을 할 때 기절을 한다(그래서 이 염소를 '기절 염소'라 부르기도 한다). 이 염소들은 몸집이 작고 대부분 검은색과 흰색을 띄고 있으며 눈은 크고 튀어나왔으며, 성향이 순하고 단순하다. 기절한 것 같은 상태는 몇 분간 진행되며 염소의 근육에 경련이 일어나서 곧바로 이완을 할 수가 없다.

착각

**우리의 자아는
우리의 경험, 만남
그리고 인식에 의해 형성된다.**

진실

**우리의 자아는
유전과 무의식에 의해 형성된다.**

11

좀비 시스템

수전 그린필드(Susan Greenfield)

수전 그린필드는 영국의 신경과학자이자 작가다. 그린필드는 주로 죄에 대한 책임의 문제를 다룬다. 범죄자는 뇌가 다르기 때문에 범죄를 저지르는 것인가 아니면 그가 범죄를 저지르기 때문에 그의 뇌가 다르게 작동하는 것인가? 범행동기와 행동을 판단할 때 뇌 연구에서 밝혀진 사실들은 판결에 얼마나 영향을 미치는가?

연구를 통해 확실한 경계를 짓는 것은 어렵다. 유전적인 요인과 비유전적인 요인들이 함께 작용하기 때문이다. 모든 유전자 풀은 각각 달라서 범죄자를 위한 단일한 패턴은 존재하지 않는다.

피니어스 게이지
PHINEAS GAGE

피니어스 게이지는 1848년에 미국 베르몬트 주에서 철로 작업 중에 두개골에 철 막대기가 관통하는 사고를 당했다. 이 사고로 그는 뇌의 일부(찻잔의 절반 크기 정도)와 왼쪽 안구 부분을 잃었다. 그러나 큰 사고에도 게이지는 의식이 있었고, 통증도 거의 느끼지 못했다. 외상 말고는 별다른 문제가 없어 보였다. 하지만 얼마 후 그의 성격이 변했다는 것을 알게 되었다. 예전에 근면성실하고 친절했던 게이지는 점점 더 눈에 띄게 공격적이고 쉽게 흥분하는 성격으로 변했다.

죄에 대한 책임의 문제

'좀비 시스템'이란 대체 무엇일까? 이것은 우리가 접근할 수 없는 우리의 무의식적인 신경회로 시스템이다. 우리는 생각하지 않고 숨을 쉬고 수영을 하고 팔을 들어올린다. 한편 투렛 증후군(Tourette syndrome)이나 분리뇌 증후군과 같은 신경질환 환자들을 복잡한 행동방식이 반드시 의지의 자유를 필요로 하지는 않는다는 것을 보여준다. 다시 말해, 투렛 증후군 환자들은 좀비 시스템이 결정하는 무엇인가를 하지 않을 수 있는 자유가 없는 것이다.

한 젊은 남자가 있다. 늦은 밤, 잠이 채 깨지 않은 상태로 일어난 그는 차로 20킬로미터를 운전해 이동한 곳에서 장인 장모를 살해한다. 그리고 그는 이런 행동을 전혀 기억하지 못한다. 잠은 깨어 있는 상태에서 생각하는 것과 별개이며 우리가 수면 중이나 꿈꾸는 중에 하는 생각들을 의식적으로 조종할 수 없다. 그렇다면 이 남자는 죄에 대한 책임을 져야 하는가?

또 다른 한 남자는 20년간 평범한 결혼생활을 하고 있던 인생의 황금기에 갑자기 소아성애자 성향을 보인다. 이 남자는 심한 두통 때문에 검사를 받게 되는데 신경과 전문의로부터 뇌종양이라는 진단을 받는다. 종양을 제거하자 소아성애적인 생각들이 곧바로 사라진다.

이런 사례들을 들으며 어떤 생각을 하게 되는가? 정신적 능력과 동물적 충동 사이의 자연적인 장벽을 허물어버릴 수 있을까? 정말 종양이 사람의 성격을 바꿔놓을 수 있을까? 범죄자에게는 우리가 그 죄를 정의하는 것만큼의 책임이 있는가? 범죄는 처벌을 받아 마땅하다. 하지만 처벌의 방식과 종류에 대해 다시 생각해봐야 하는 것일까? 충동조절 능력 향상을 통한 재활치료 같은 방법을?

인간 사이보그
→ 199쪽

좀비 시스템?

'좀비'는 의식이 서브 프로그램에 접근할 수 없다는 것을 보여준다. 어떤 서브 프로그램은 우리의 반응 시스템과 본능 시스템의 일부분이며 또 어떤 것들은 우리가 습득한 것이다. 우리의 신경회로에 그런 것들이 새겨져 있으면 모든 자동화된 과정은 접근 불가능한 좀비 프로그램으로 바뀐다. 야구 경기에서 타자가 눈에 보이지 않을 정도로 빠른 속도로 날아오는 공을 배트로 치면 그는 좀비 프로그램을 사용하는 것이다.

직관의 힘

많은 전문가들은 직관적으로 판단을 내리고 나서 그들이 직관적으로 내린 결정의 근거를 말로 설명하기 어려워한다. 알을 막 깨고 나온 병아리의 성별을 감정하는 병아리 감별사들의 경우가 그렇다. 그들은 눈에 잘 띄지 않는 성별 특징을 일일이 보지 않고 빠르게 성별을 판단한다. 또는 직관적으로 도둑이나 마약 운반책을 추적하는 수사관들의 경우가 그렇다. 수사관은 자신이 알고 있는 많은 것을 의식하지 못한다. 사실 우리 모두는 우리가 의식하고 있는 것보다 더 많은 것을 알고 있다. 이를 '감각질' 또는 '현상적 의식'이라 부른다. 무엇에 대해 어떤 느낌을 가지고 있지만 그것을 이성적으로 설명할 수는 없다.

휴리스틱(heuristics)이란 가령 불충분한 시간으로 인해 정보가 부족함에도 불구하고 분명한 의견을 만들어낼 수 있는 능력이다. 알지 못하는 부분을 정의하고 인식하는 데 도움이 되는 특별한 특징을 인식하는 능력은 직관적인 판단과 결정을 할 때 아주 중요한 역할을 한다.

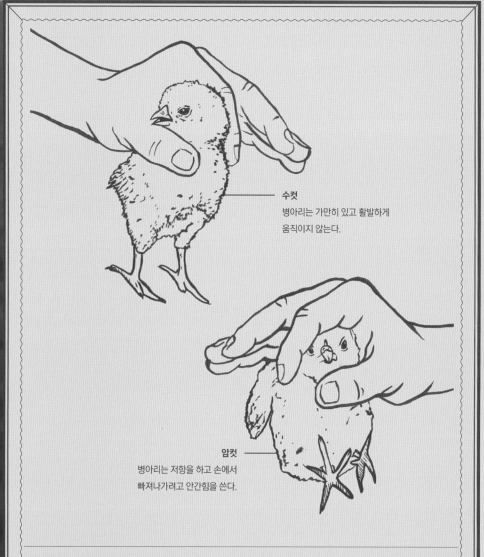

수컷
병아리는 가만히 있고 활발하게
움직이지 않는다.

암컷
병아리는 저항을 하고 손에서
빠져나가려고 안간힘을 쓴다.

병아리 성별감별사

양계농장에서 수컷 병아리와 암컷 병아리를 가능한 빨리 감별해서 분리하려는 이유는 알을 낳지 못해서 쓸모가 없는 것으로 여겨지는 수컷 병아리들에게 필요 이상으로 먹이를 더 주지 않기 위해서이다. 이런 이유 때문에 아시아에서 병아리 성별감별사가 양성되며, 그

들은 알을 깨고 나오자마자 쉽게 구분할 수 없는 암수의 특징을 바탕으로 병아리의 성별을 감별한다. 어떤 병아리 감별사들은 시간당 1,000마리 이상의 병아리 성별을 감별해내기도 한다. 이들에게 성별을 어떻게 감별하는지를 물어보면 충분히 납득할 만한 설명을 하지 못

하고 직관적으로 알 수 있다고만 대답한다. 그렇기 때문에 병아리 감별사 교육을 할 때에도 전문가는 교육자를 몇 주 동안 옆에서 지켜보면서 교육자가 감별한 병아리의 성별이 맞는지 틀린지 알려준다. 여기서 지식과 의식은 직관에 자리를 내준다.

착각

**우리에게는
자유의지가 있다.**

진실

**우리 몸의 변화는
우리의 성격을 변화시킨다.**

12

신경학적 현상들

오언증

오언증은 투렛 증후군을 앓고 있는 사람들에게 자주 일어난다. 이런 언어 틱 장애는 갑자기 아무런 이유 없이 공공 장소에서 배설물과 관련된 말을 하고 싶은 강박적인 충동을 느끼게 만든다.

측두엽 간질

잔 다르크(오를레앙의 처녀)는 프랑스에서 국민적인 영웅으로 통하며 가톨릭교회에서는 성인으로 추대되었다. 잔 다르크는 영국과의 백년전쟁에서 고국인 프랑스를 구해냈다. 잔 다르크는 배신을 당하고 베드포드 공의 주도하에 화형에 처해졌다. 그녀는 열세 살 때 처음으로 환상을 보았다. 성 카타리나, 성 마르가레타 그리고 대천사 미카엘이 나타나 그녀에서 프랑스를 영국으로부터 구해내라는 분부를 내렸다. 오늘날에는 잔 다르크가 측두엽 간질을 앓고 있었을 것이라 추측한다. 잔 다르크가 자신이 받은 사명을 그토록 굳게 믿은 것은 역사에 엄청난 영향을 미쳤다.

화학 칵테일

'외계인 손 증후군'은 신경질환으로서 손이 자신의 의지와 상관없이 움직이는 것을 말한다. 한 손이 사탕을 잡으면 다른 손이 그 사탕을 잡아서 다시 제자리에 돌려놓는다. 양손은 뇌에서 각자의 신경회로를 가지고 있다. 뇌손상, 뇌졸중 또는 감염이 있었던 사람들에게 이런 증상이 주로 나타난다. 심지어 다른 쪽 팔의 움직임을 방해하거나 잡아 뜯는 등 공격성을 띠기도 한다.

'무시 증후군'은 주로 우뇌가 손상되었을 때 나타나고 모든 감각에 나타날 수 있다. 그래서 이 증상을 앓는 사람은 감각인지에 장애가 나타난다. 예를 들어 냉장고에서 왼쪽에 놓여 있는 물건들만 꺼내오거나 양팔을 들어야 할 때 한쪽 팔만 움직인다.

'측두엽 간질'은 간질 발작의 특별한 형태로, 근육의 경련으로 나타나지 않고 가령 기시감이나 환각과 같은 인지 장애와 외곡으로 나타난다. 이런 형태의 간질은 성격이 변하는 광기를 동반할 수 있다.

작화증 →111쪽

'투렛 증후군'을 앓고 있는 사람들은 특정한 표정이나 소리 또는 움직임을 거의 또는 전혀 자제하지 못한다. '오언증'이 여기에 속한다. 음란하거나 금기시되는 말을 내뱉고 싶은 충동이다.

시각장애를 가진 사람들의 경우에는 실제로는 '찰스 보넷 증후군'을 앓고 있음에도 불구하고 환상이나 환각을 치매 또는 심리적인 질병으로 잘못 판단할 수 있다. 찰스 보넷 증후군은 손상된 시삭(視索)으로 인해 가령 동물이나 상상 속의 형상을 보는 것이다.

데자뷔(기시감)는 이른바 일종의 기억장애다. 상당히 많은 사람들이 이런 심리적인 현상을 한번쯤 겪어봤을 것이다. 어떤 상황을 예전에 똑같이 경험한 것 같은 느낌이 드는 것이다. 피로, 정신병, 뇌질환 또는 마약이나 독극물로 인해 이런 증상이 더 자주 나타난다. 연구에 따르면 이 밖에도 억압, 각인된 환상, 과도한 긴장 그리고 트라우마가 데자뷔 현상이 더 자주 나타나게 만드는 요인들이라고 한다.

1980년대에 만들어진 공포 코미디 영화 〈이블 데드2(Evil Dead II)〉에서는 주인공 애쉬의 오른손이 갑자기 제멋대로 움직이며 그를 죽이려고 한다. 자신의 오른손으로부터 살해 위협을 받은 주인공은 왼손으로 오른손의 위협으로 벗어나려고 안간힘을 쓴다. 하지만 별 소용이 없다. 손은 계속해서 그를 공격하고 애쉬는 결국 절망에 사로잡혀 전기톱으로 그에게 적대적인 공격을 가하는 오른손을 잘라버린다. 그는 잘린 손을 뒤집어놓은 쓰레기통 밑에 넣어두고 그 위에 무겁게 책을 쌓아 올린다. 맨 위에는 헤밍웨이의 반전 소설《무기여 잘 있거라》가 올려져 있다.

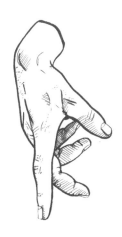

신경학적 현상들

착각

**문득 좋은 생각이
떠올랐어!**

진실

**그 생각은
당신의 뇌가 아주 힘들게
고안해낸 것이다.**

№ 13

의식 확장

페요테 선인장

종류 환각성 선인장
제조 생, 건조, 가루
작용/효과 향정신성, 항생물질
성분 메스칼린
역사 인디언, 멕시코인들이 종교 의식에 사용, 실명과 열의 치료에 사용

테오나나카틀

종류 환각성 버섯
의미 '신의 살', 신의 버섯
작용 환각 작용
성분 사일로사이빈
맛 부드러운 버섯맛
역사 종교 의식에 사용(아즈텍, 마야)

맥각 – LSD

종류 버섯, 씨앗 형태
제조 화학적
의미 리세르그산다이에틸아마이드
작용 환각 작용
성분 리세르그산
역사 혈액순환제 개발 중에 발견

아야와스카

종류 정글 지역의 덩굴 식물의 일종
제조 잎으로 양조
의미 영혼의 덩굴식물, 영혼의 덩굴
작용 환각 작용
성분 DMT, MAO 억제제
맛 썩은 맛, 쌉쌀, 달콤
역사 인디언족이 종교 의식에 사용

우리 안에는 우리가 잘 알지 못하는
다른 누군가가 들어 있다

마약은 무의식적인 신경회로로의 접근을 용이하게 만들어준다. 이때 우리의 내면에서 우리가 잘 알지 못하는 누군가와 마주치게 될 수 있다. 모차르트, 괴테 또는 블레이크와 같은 작가, 예술가 또는 학자들은 이런 상태를 그들에게 날개를 달아주는 낯선 힘으로 인식했다. 아편, LSD 그리고 다른 마약에 일단 한번 맛을 들이면 우리는 속수무책으로 의존할 수밖에 없다. 어떤 것은 마치 열쇠-자물쇠 시스템처럼 작용한다. 마약은 보상 시스템을 관장하고 있는 도파민의 뉴런 스위치 시스템으로 들어가서 우리에게 환상적 경험의 허상을 보여 준다.

작화증 →111쪽

우리의 의식은 이런 뇌의 화학작용에 관여하지 못하고 그 결과를 자신의 생각이라고 여긴다. 그런데 무의식적으로 만들어낸 기발하고 천재적인 생각들에 대한 명성은 누구에게 돌아가야 하는가?

마약&예술가

《젊은 베르테르의 슬픔》을 쓴 요한 볼프강 폰 괴테와 시 〈밀턴〉을 지은 윌리엄 블레이크는 작품을 쓰면서 생각을 하지 않고 내면의 목소리에 귀를 기울였다고 말한다.

아편의 영향으로 뇌에서 무의식적인 신경회로가 작동하지 않았다면, 현재 어떤 서사시와 어떤 과학적인 발견 들은 아마도 존재하지 않았을 것이다.

우리는 무의식적으로
똑똑하다

착각

**당신은
애매모호한 진술에
의심을 품는다.**

진실

**당신은
일반적인 진술을
대체로 신뢰하는 경향이 있다.**

14

주관적 검증

당신은 겉으로 절제되고
자신을 잘 통제하는 것처럼 보여도
내면으로는 두려움과 불안을 느낀다.
그리고 스스로의 행동과 결정에 대해
심각하게 의심을 품는다.

대부분의 사람들은 애매모호하고 일반적인 진술을 신빙성이 있다고 믿는다:
각 개인의 성격에 대한 연구를 위해 버트럼 포러(Bertram Forer)가 조작한 진술 중에서.

동일한 특성

많은 사람들은 일반적인 진술에 대해 건전한 의심을 품고 거리를 둔다고 생각하지만 종종 자신에게 긍정적인 영향이 있을 때는 모호한 진실을 믿어버리려는 유혹에 빠지게 된다. 이를 미국의 심리학자인 버트럼 포러의 이름을 따서 포러 효과라고 부른다. 포러는 1948년에 성격 테스트를 실시한 후 모든 참가자들에게 동일한 결과지를 나누어주었는데 모두 평균 이상으로 자신의 성격과 맞아떨어진다고 말했다. 바로 이런 효과 때문에 별자리, 타로 점, 홍채진단법, 골상학 등의 유사과학이 그토록 성황리에 행해지고 있는 것이다. 우리는 우리의 개성을 옷이나 액세서리 등을 통해 표현하려고 하지만 유전적으로는 모두 동일한 특성을 지니고 있다. 모호해서 다중적인 의미를 갖는 진술은 능숙한 (자기) 속임수를 통해 자신만이 갖고 있는 특성이라고 여긴다.

바넘 효과

폴 밀(Paul Meehl)은 위에서 설명한 것과 같이 보편적으로 적용되는 성격 특성들이 자신의 성격과 일치한다고 믿으려고 하는 개인의 경향을 '바넘 효과'라고 표현했다.

서커스 단장이었던 피어니스 테일러 바넘(Phineas Taylor Barnum)은 미국에서 모두의 호기심을 자극하는 흥미로운 물건들을 전시하는 박물관을 운영했다.

착각

**진짜 와인 전문가는
속일 수 없다.**

진실

**자신의 기대를 조작할 수 있다면
전문가도 속일 수 있다.**

15

기대

와인의 풍부한 부케

귀인 오류
→ 129쪽

진짜 전문가는 속일 수 없다? 아니, 그렇지 않다. 전문가도 얼마든지 속일 수 있다. 누구도 어떤 인상을 인지할 때 완전히 객관적일 수는 없기 때문이다. 그리고 누구도 조작과 속임수에 빠지는 것으로부터 자유로울 수 없다. 습관, 감정 그리고 영향이 항상 중요한 역할을 한다. 와인 가격이 저렴하다는 것을 알려주는 것만으로도 경험이 많은 와인 전문가는 고급 와인을 질 낮은 와인으로 잘못 판단할 수 있다. 동일한 와인에 서로 다른 상표를 붙이고 다른 정보를 제공하면 똑같은 와인에 대해 완전히 다른 특징들을 나열할 수도 있다. '기대'가 실제 경험을 완전히 지배한다. 그렇기 때문에 시각적으로 보이는 것, 가격, 연출, 광고 그리고 마케팅이 그토록 중요한 역할을 하고 있는 것이다. 바로 우리의 선호, 기대 그리고 동일화 욕구를 이용한다. 품질이나 맛은 실제로는 오히려 부차적인 것이다.

화려한 표현

달콤하고 살살 녹는 과일 향기가 잘 익은 파인애플의 풍미와 어우러지며 가벼운 허브 맛이 혀끝에 감돌고, 뒷맛에서 매혹적인 토양의 미네랄을 느낄 수 있다. 입안에서 향긋한 향기가 퍼지고 조화로운 산미를 느낄 수 있으며 모든 요소들이 기발한 조화를 이루고 있으며 미네랄의 풍미가 환상적인 궁합을 이룬다.

소소한 와인 지식

풍부한 부케(향기) 🍇	↗
적절한 산도	↗
비교적 빠르게 숙성	↘
절정을 향해감	↗
다채로운 풍미와 톡톡 쏘는 맛	↑
지나치게 숙성되었지만 아직은 가벼운	↘
우아하지만 깊은 맛이 없다	→
묵직한 바디감에 부드러운 맛	↗
코에서 느껴지는 향미	↗
숙성되었지만 별 매력이 없는	↓
입안에서 강하게 감도는	↗
제대로 숙성된 ♟	↑
풍미가 약하지만 개선의 여지가 있는	→
풍부하고 매력적인, 토양 고유의 맛이 배어 있는	↗

착각

**당신의 행복은
당신의 만족에 달려 있다.**

진실

**당신은 여러 개의 인격을 지니고 있고
그 모든 인격이 만족할 때에만
행복을 느낀다.**

16

순간

행복 테스트

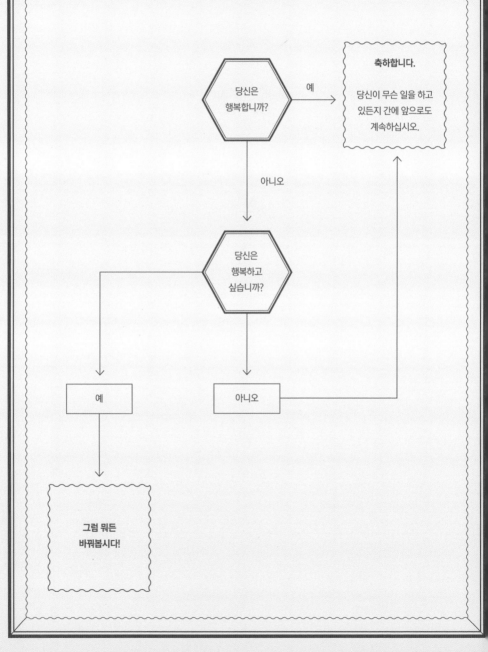

나 vs. 나

'자신의 삶에 만족하는 사람은 행복하다'. 맞는 말이다. 하지만 행복은 그렇게 간단한 일이 아니다. 우리는 첫째 다양한 성격 특징, 성질, 특색으로 자기 자신의 만족에 상이한 요구들을 한다. 그리고 둘째, 경험과 기억이라는 두 가지 중요한 지주로 우리를 형성한다. 지금의 나와 기억을 하는 나로 나뉘는 것이다. 지금 현재의 삶은 지금의 내가 경험한다. 지금의 내가 지각을 담당하고 있고 단기 기억을 이용한다. 아주 특별한 기억들만이 장기 기억의 창고에 들어가게 된다. 다른 기억들은 불필요한 짐처럼 버려진다. 아름다운 경험은 지금의 나를 행복하게 만들고, 기억하는 나를 위한 아름다운 기억이 되는 것이다.

심리학자 대니얼 카네만(Daniel Kahnemann)은 두 가지 영역의 행복을 느끼는 감정이 있다고 주장한다. 지금 현재 행복을 경험하고 느끼면서, 동시에 가능한 많은 행복한 경험들을 불러일으켜서 두 개의 나를 만족시킬 수 있어야 한다.

특정한 경험에 의해 우리가 느끼게 되는 행복은 기껏해야 10초 정도에 지나지 않는다. 아주 짧은 즐거움이다. 우리의 장기 기억 속에 저장되는 아주 특별한 경험들만 숨겨둔 보물처럼 행복한 기억으로 소환될 수 있다.

착각

당신이 하는 모든 일은
당신에게 성공을 가져다줄 것이다.

진실

당신은 자존심을 지키기 위해
때로는 실패마저 조성하기도 한다.

17

자기 불구화

내가 하는 일에 대한 비판은
나 자신에 대한 비판이다

심기증(건강염려증) 환자는 계속해서 염려하며 불편함을 느끼지만 어떻게 보면 나쁜 점만 있는 것은 아니다. 덕분에 주변 사람들이 많이 걱정을 해주고 관심을 보일 뿐만 아니라 그가 실패할 수 있는 위험도 감소한다. 어떤 걸림돌이 나타날 경우, 즉 외부적인 요인에 의해 문제가 발생할 때 당사자는 스스로 실패를 위한 조건을 만들었음에도 불구하고 실패에 대한 책임을 스스로 지지 않아도 되기 때문이다. '자기 불구화'의 경우에는 **자신의 인지를 왜곡해서** 현실을 조작한다. 실패에 대한 두려움 때문에 자기 불구화를 하는 사람은 자신이 숨을 수 있는 보루와 같은 **외부의 이유**들을 만들어낸다. 외부 요인의 잘못이기 때문에 자신이 실패에 대한 책임을 지지 않아도 되기 때문이다. 그럼에도 불구하고 성공한다면 모든 역경에도 불구하고 해낸 것이기 때문에 더더욱 잘된 것이라 여긴다. 남자의 경우 '자기 불구화'를 하는 경향이 더 많다. 어쩌면 남성들이 더 강하고 능력 있고 성공적이어야 한다는 압박을 느끼기 때문일 것이다. 자기중심주의도 실패에 대한 두려움을 증가시킨다. 모든 행동을 자기 자신과 동일시하는 사람은 비판을 받을 때 자신의 정체성 자체가 비난을 받았다고 여기기 때문이다.

더닝 크루거 효과
→ 43쪽

미루기 전략
→ 125쪽

신포도 기제

이솝 우화에 여우와 포도 이야기가 나온다. 여우는 포도가 너무 높은 곳에 매달려 있어서 먹을 수 없자 어차피 너무 신포도이기 때문에 먹고 싶지 않다고 말한다. 어차피 가질 수 없는 것에 대해 나쁘게 말함으로써 실패를 은폐하는 것이다.

예 "조니 뎁은 제정신이 아니기 때문에 나는 조니 뎁과 절대 결혼하고 싶은 생각이 없어."

달콤한 레몬 기제

불쾌한 일을 피할 수 없게 되면 자존심 상하지 않기 위해서 어떤 장점이라도 찾아낸다. 선택지가 보기보다 그렇게 나쁘지 않은 척을 한다.

예 "나는 야근하는 것을 좋아해. 밤에는 시원하고 무엇보다 조용하거든."

운명
행복한 사람일수록 세상에 대해 긍정적인 인식을 유지하기 위해 애쓴다. 낙심은 정직과 현실 인식을 의미할 수 있다.

착각

**미래에 대한 외부의 영향을
받아들여야 한다.**

진실

**믿음은,
어떤 사건의 발생에
영향을 줄 수 있다.**

자기 실현적 예언

믿음은 산도 옮긴다

미래에 일어날 어떤 일에 대해 확신하고 있을 때 실제로 그 일이 일어나는 경우를 '자기 실현적인 예언'이라고 한다. 미래의 사건들은 우리의 통제력에서 어느 정도 벗어나 있다. 그럼에도 불구하고 모든 것을 평가하고 예측하고 어떤 일에 의미를 부여하는 것이 인간의 본성이다. 우리의 생각이 우리의 행동을 지배하고, 우리의 행동이 우리 미래의 일부를 지배한다. '자기 실현적 예언'은 틀릴 수도 있지만 행동에 옮김으로써 실제도 일어날 수도 있는 생각과 기대에 토대를 둔다. 비관적이고 '어차피 잘 안 될 텐데 뭐.'라는 생각으로 시험에 임하는 사람은 실패할 가능성이 더 높아진다. 어떤 선생님에게 이 아이가 아주 유능한 아이라고 소개하면 긍정적인 기대를 갖기 때문에 아이를 특별하게 대하고 평가한다. 이것은 무의식적으로 진행되는 과정이다. 우리는 주변의 인지를 조작해서 현실이 기대에 상응하게 만든다.

자기 불구화 현상
→ 97쪽

피드백 고리

사람들이 어떤 상황을 잘못 예측하고, 그에 맞춰서 행동을 하면 일종의 악순환이 일어날 수 있다. 예를 들어 커피 공급이 부족해질 것이라는 소문이 퍼지면 각 가정마다 커피를 미리 사놓으려고 한다. 모두들 그렇게 생각해서 커피를 사재기하게 되면 실제로 공급 부족이 일어난다.

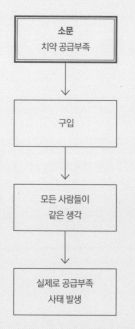

소문
치약 공급부족

↓

구입

↓

모든 사람들이
같은 생각

↓

실제로 공급부족
사태 발생

슈 퍼 마 켓
모차르트 거리 23, 46735 주퍼도르프

+ + + + + + + + + + + + + + +

영수증 번호: 88467364995930
2013. 6.14 금   17:34

- -

치약 34 × 97g
=> 0.89 유로 × 34개 30.26 유로

- -

                        합계 30.26 유로

=================================

받은 돈 : 50.00 유로
거스름돈 : 10.74 유로

강 사 합 니 다!
또 방문해주세요.

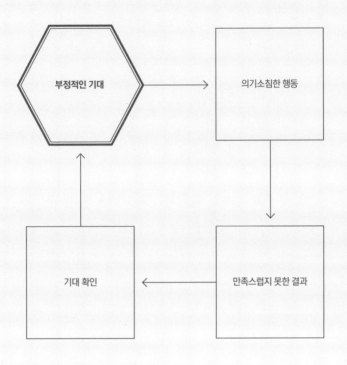

당신이 할 수 있다고 생각하든
할 수 없다고 생각하든
당신은 옳다.

학습된 무기력

사람이 문제 상황에 처하게 되면 그 문제를 해결하기 위해 할 수 있는 모든 수단방법을 동원한다. 하지만 어떤 사람들은 '학습된 무기력'이 이들을 가로막는다. 자신에게 가망이 없다고 생각해서 단념해버린다. 어차피 모든 것은 소용없다는 감정이 엄습해서 긍정적인 생각들을 짓밟는다. 살면서 엄청난 통제력 상실이나 막대한 실패를 경험한 사람들에게 이런 현상이 종종 나타난다. 비관주의와 우울감이 이런 학습된 무기력을 더욱 부추긴다. 이에 맞서기 위해 활동을 시작하고 ('나는 조깅을 시작해야겠어') 결심을 해야 한다 ('새로운 헤어스타일을 도전해야겠어'). 그러면 축축 처지는 무기력한 감정이 점점 약해지고 그다음 단계가 더 이상 불가능한 것으로 여겨지지 않는다. 앞서 경험한 실패들은 최종적인 실패가 아니라 목적으로 향해 가는 길에서 넘어야 하는 단계로 받아들일 수 있다.

자기 불구화 현상
→ 97쪽

← 태도

태도는 아주 중요하다. 나는 부정적인 예측을 믿으며 부정적인 결과를 맞이할 준비를 하는가? 아니면 나는 나의 기회, 내가 지금 할 수 있는 모든 것과 결정할 수 있는 자유에 집중해서 책임감을 가지고 열성을 보이며 나를 성공으로 이끌어줄 기선을 잡을 것인가?

탈출의 기대

미국의 심리학자 마틴 셀리그만(Martin Seligman)은 쥐에게 치명적인 암세포를 주입했다. 첫 번째 실험그룹에게 정기적으로 전기 충격을 주었고 두 번째 실험그룹에도 역시 전기 충격을 주었지만 장치를 끄고 도망칠 수 있는 기회가 있었다. 세 번째 그룹에는 전기 충격을 주지 않았다. 4주가 지난 후 셀리그만은 탈출한 쥐의 63%가 암세포를 이겨냈다는 사실을 확인했다. 전기 충격을 받지 않은 쥐들 중에서는 54%가 암세포를 이겨냈다. 탈출의 가능성 없이 전기 충격을 견뎌야 했던 쥐들은 23%만 살아남았다.

착각

**나는 누군가와 싸울 때
정확한 사실에 집중한다.**

진실

**당신은 누군가와 싸울 때 화가 나면
상대방의 태도를 왜곡하게 된다.**

19

허수아비 논법

허수아비
만들기

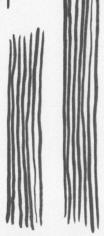

지푸라기로 두 개의 묶음을 만들어보자. 한 묶음의 길이가 조금 더 짧아야 한다.

1	**2**
3	**4**

더 긴 지푸라기 묶음의 3분의 1 정도 지점을 끈으로 묶는다.

긴 묶음에 묶인 끈 위치에 짧은 묶음을 가로로 올려놓는다. 끈으로 엇갈려가며 묶어 고정시킨다.

긴 묶음을 두 갈래로 나누어 묶는다.

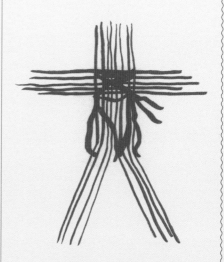

세계 종말 분위기

다툼이 벌어질 때면 누구나 자신이 어느 정도 객관성을 유지하면서 '사실'에 집중하고 있다고 생각한다. 하지만 실제로 우리는 화가 나면 허수아비 논법으로 빠져서 상대방이 하지도 않은, 우리가 공격하기 쉬운 발언을 했다고 우긴다. 우리는 싸움에서 지지 않기 위해서 상대방의 발언을 왜곡시키고 잘못된 결론을 내리고 만다. 이런 전형적인 허수아비 논법은 세계 종말 시나리오로서 상대방이 한 발언에 대해 무리하게 오도하는 것이다.

정의

어떤 사람은 X라는 의견을 주장하고 상대방은 생각이 달라서 그것으로부터 Y라는 의견(X를 왜곡시키거나 과장한 의견)을 만들어버린다. 그런 다음에 Y라는 의견을 공격하는데 이때 X라는 의견도 함께 잘못된 것이 되어버린다.

예

A 휴가는 좋아.
B 만약 항상 휴가라면 일을 제대로 할 수 없고 그 결과 가난하고 비참하게 살게 될 거야.

B는 A가 항상 휴가였으면 좋겠다고 주장했다고 말하며 그에 대해 반박을 한다. 하지만 A는 휴가 기간에 대한 언급은 아예 하지도 않았다.

착각

**당신은 언제 스스로를 속이는지
의식하고 있다.**

진실

**당신의 행동과 감정을 뒷받침하기 위해
당신은 무의식적으로 이야기를 꾸며낸다.**

20

작화증

맹점

물리학자인 에듬 마리오트(Edme Mariotte)는 1688년에 망막의 한 부분에 광수용체가 없다는 사실을 밝혀냈다. 시신경이 지나가는 곳에 수용체가 없다.

그래도 인지에는 아무런 문제가 되지 않는다. 뇌는 부족한 정보를 배경패턴을 통해 보완해서 빈틈을 메우기 때문이다.

시각적인 착각

착각은 우리로 하여금 뇌의 기능을 살펴보게 만든다. 무언가를 보는 과정에서 여러 가지 해석의 여지가 생긴다. 우리의 시각 시스템은 여러 가지 선택지 사이에서 빠르게 왔다 갔다 한다. 이를 다중안정 자극이라고 부른다. 왼쪽 그림처럼 서로 마주 보고 있는 세 원의 홈은 '보이지 않는' 삼각형으로 보인다.

빈틈 메우기

우리는 자기 자신을 속이는 것을 눈치채지 못한다. 세상과 그 속에서 살고 있는 우리 자신을 설명하기 위해 끊임없이 이야기를 지어낸다. 그리고 우리가 가볍게 '현실'이라고 표현하는 것을 우리는 계속해서 바꾸고 변형시킨다. 이렇게 해서 일관된 이야기가 만들어진다. 우리의 뇌는 빈틈을 메울 수밖에 없다. 대개는 사실이 아닌 상상의 재료로 말이다.

우리가 진짜 있었던 이야기를 전달할 때, 그 이야기는 우리의 주관적인 처리본부를 통과해서 구성된 것이기 때문에 결코 현실을 정확하게 모사한 것이 아니다. 모든 두뇌가 계속해서 이야기를 만들어내기 때문에 같은 사건에 대해서도 열 사람이 열 개의 다른 이야기를 할 수 있다. 우리는 사실을 있는 그대로 이야기할 수 있다고 생각하지만 우리는 자기 자신, 자신의 발전과정, 자신의 행동, 자신의 감정에 대한 있는 그대로의 진실을 결코 알 수 없다. 우리가 그것을 어떻게 생각하는지 알 수 있을 뿐이다. 대부분의 사고 메커니즘, 우리 뇌에서 일어나는 모든 일들을 우리가 알 수 없기 때문에 우리는 현실, 꾸며낸 이야기 그리고 왜곡시킨 이야기를 자신 있게 구분하지 못한다.

'코르사코프 증후군(Korsakoff's syndrome)' 환자는 가장 최근의 사건들에 대한 신경학적 현상들 → 73쪽 기억을 잊기 때문에 계속해서 공간과 시간에 적응하고 자신이 혼란을 느끼지 않기 위해서 지어낸 이야기로 기억의 빈틈을 메운다.

'질병 불각증(anosognosia)'이 있는 환자는 마비 또는 청각장애 등 자신의 질병을 부인하고 자신의 불능을 설명할 수 있는 변명거리를 지어낸다.

사람은 누구나
언젠가 이야기를 지어내고
그것이 자신의 인생이라고 여긴다.

막스 프리슈

작화증

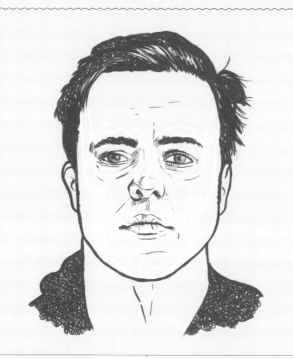

코타르 증후군

코타르 증후군 환자는 자신이 죽어서 영혼으로 존재한다는 망상에 시달린다. 이들은 자신이 죽었다고 생각하기 때문에 심한 경우 음식 섭취를 거부해서 굶어 죽기도 한다.

카프그라 증후군

카프그라 증후군 환자는 사람을 인지하는 과정에서 심각한 망상에 시달린다. 이들은 (그들과 가까운) 사람들이 완전히 똑같은 모습으로 분장을 한 다른 사람이라고 생각한다. 감정적인 반응 능력이 손상되었기 때문에 감정을 느끼지 못하는 것에 대한 구실을 찾는다.

분리 뇌(split brain)

심한 간질, 사고, 수술 등으로 양쪽 뇌반구를 연결시켜주는 뇌량이 분리되어, 대뇌반구가 서로 정보를 주고받지 못하는 경우를 말한다. 분리 뇌 환자들은 거짓말을 하는 것 같지만 자신의 주장이 진실이라고 굳게 믿고 있다. 이들은 뇌반구에서의 인지를 조화시키지 못하고 이야기를 꾸며내서 양쪽 다 수용할 만한 근거를 만들어내려고 한다.

합리적			창의적
분석적 사고			종합적 사고
논리	좌	우	직관
언어			창의성
수학			예술&음악

무시 증후군

경색 또는 외상으로 인해 한쪽에 뇌 손상이 일어날 경우 생길 수 있는 증후군이다. 무시 증후군은 환자의 인지를 제한한다. 그는 자신의 앞에 펼쳐지는 광경의 절반을 보지 못하고 길을 가로막고 있는 물체를 보지 못하거나 얼굴의 절반만 면도를 한다. 환자가 보지 못한 것을 알려주면 그제야 눈치를 채고 인지하는 것이 가능하다.

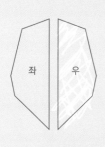

좌　우

착각

**명백한 팩트보다
더 확실한 것은 없다.**

.

진실

**팩트는 어떤 가정을
확인시켜주는 쪽으로 해석된다.**

№ 21

연역의 기술

에르큘 포와로
HERCULE POIROT

작가 아가사 크리스티의 추리 소설에 등장하는 벨기에 사설탐정 에르큘 포와로는 뛰어난 사고력과 조합 능력을 자랑한다. 제1차 세계대전 때 영국에서 망명 생활을 하던 퇴직자 포와로는 깨어 있는 총명한 머리로 수많은 사건들을 해결했다. 포와로는 천재적이라기보다는 꼼꼼한 멋쟁이로 통하는데, 이로 인해 과소평가를 받는 것이 오히려 그에게 이점이 된다.

톰 버나비
TOM BARNABY

영국의 인기 수사 드라마 〈미드소머 머더스〉의 원작소설인 캐롤라인 그레이엄(Caroline Graham)의 소설에 등장하는 톰 버나비 경감은 (가상의 마을인) 미드소머에 벌어지는 의문스러운 살인 사건들을 해결한다. 버나비는 냉철함, 지적 능력 그리고 결론을 추론하는 뛰어난 능력으로 혼란스럽고 풀기 힘들어 보이는 사건에서 실마리를 찾아낸다.

제인 마플
JANE MARPLE

살짝 괴팍한 노년의 영국 여성인 제인 마플은 아가사 크리스티의 소설에 등장하는 인물로 (가상의) 한적한 영국 마을에 살고 있다. 겉으로는 평온해 보이는 마을에는 의외로 많은 살인 사건이 발생하는데, 매우 영리한 아마추어 탐정인 주인공이 예리한 조합 능력과 반박할 수 없는 논리로 사건들을 해결한다.

범죄 해석

이 사람은 '연역의 기술'에 있어서 타의 추종을 불허한다. 바로 아서 코난 도일의 탐정소설에 등장하는 완고하고 인상적인 주인공 셜록 홈스다. 별로 눈에 띄지 않는 아주 사소한 것들, 예를 들어 모자의 상태만 보고도 그는 모든 사건의 전개 과정, 모자 주인의 삶의 방식, 사회적 지위 그리고 문제와 특징 들을 짚어낸다. 연역은 일반적인 사실로부터 개별적인 사실들을 이끌어내는 것을 말하며 우선 증인들의 진술, 수사기록 그리고 현장을 둘러보는 것을 통해 가능한 많은 사실들을 모아서 순전히 논리로 사건을 조명해서 깜짝 놀랄 만한 진실을 드러낸다.

여기서 카오스와 혼란이 지배하는 서로 무관한 현상들 사이에 의미, 규칙, 연관성을 찾아내려는 아포페니아 현상을 말하는 것이 아니다. 유명하고 재능이 뛰어난 탐정들은 남들이 혼란스러운 것만 보는 곳에서 패턴을 알아차리고 남들이 어쩔 줄 몰라 하며 퍼즐 조각을 이리저리 옮기는 곳에서 질서를 찾아낸다.

아포페니아 →175쪽

카오스 속의 질서

사람들은 예전부터 이런 것에 매혹을 느꼈다. 처음엔 미스터리하고 해결할 수 없을 것처럼 보였던 일이 점차 밝혀지면서 사건의 실마리가 풀리고, 하나씩 알아낸 사실들이 열쇠가 되어 혼란의 문을 열어 마침내 사건의 전체적인 그림이 드러나는 것 말이다.

우리는 소설, 범죄 수사물 그리고 미스터리물에서 해결할 수 없어 보이는 문제들이 깜짝 놀랄 만한 반전을 통해서 사건이 해결되는 것을 좋아한다.

119

셜록 홈즈

영국 BBC 드라마 시리즈 〈셜록〉에서 탐정 셜록 홈즈와 그를 도와주는 존 왓슨 박사는 100년 후인 현재의 런던에 등장한다. 셜록 홈즈와 토박이 군의관인 왓슨은 같은 집에 살면서 런던 경찰국 소속 레스트레이드 경감과 함께 활동한다. 왓슨은 사건을 블로그에 공개하고 셜록은 이를 통해 유명해진다.

제 토끼 블루벨이
사라졌어요.
블루벨은 요정처럼
반짝반짝 빛이 났어요!
커스티 스테프레튼

1

221B

1초에 최대의 압박

→ 고객

2

헨리 나이트

3

소매 위에 놓인 이미 사용한 승차권

→ 고객은 런던에서 엑세터로 가는 첫 번째 기차를 5시 46분에 탔다. 특별한 사건

4

존 왓슨 박사

전화번호(여자의 글씨체),
비스듬한 글씨, 따라 쓴 숫자, 커피얼룩

→ 여성은 헨리 나이트한테 호감을 느꼈다. 여성은 그의 대각선에 앉아 있었다. 그는 숫자를 따라 적었다. 냅킨으로 입을 닦은 것으로 보아 관심이 사라짐.

5

얼룩이 묻은 냅킨과 입가에 소스가 묻은 흔적

→ 헨리는 기차 안에서 아침 식사로 샌드위치를 먹고 커피를 마셨다.

6

손가락에 노란 얼룩, 긴장

→ 그는 골초다. 어제의 사건이 너무 중요해서 담배를 피우지 못했다.

7

나는 엄청나게 큰
하운드 독의 흔적을
보았어요.
헨리 나이트

밥 프랭클린

제 휴대폰 번호를 알려드릴게요.

9

커스티 스테플튼

스테플튼 박사의 딸, 블루벨 사건

→ 해파리의 GF4유전자가 블루벨을 빛이 나게 만들었다.

10

스테플튼 박사

윤리만이 한계를 정한다.

11

이제 나는
기억의 궁전으로
갑니다.
셜록 홈즈

헨리 나이트는 'Liberty In'이라는 단어에 관한 꿈을 꾼다.

12

LIBERTY 자유

Liberty Bell (자유의 종)
Liberty Muster (자유 본보기)
Liberty London (자유 런던)
Liberty Marsch (자유 행진)
Liberté Egalité…(자유 평등)

IN

Inn (여관)
Indie (인디)
Ingolstadt (잉골슈타트)
Indium (인듐, 원자번호 49)

HOUND

리즈백
늑대 개
하운드 독(엘비스)

13

LIBERTY, INDIANA H.O.U.N.D

연구프로젝트 H.O.U.N.D – 인디애나

→ 밥 프랭클린 박사는 미국 출신이다. 그는 자신의 휴대폰으로 통화를 했다.

14

베리모어 소령의 컴퓨터로 프로젝트 파일에 접근

→ 구식, 책장에 마거릿 대처의 전기가 꽂혀 있다.

15

패스워드

M A G G I E

16

조건 공황발작, 공포 자극, 편집증

→ 화학적 지뢰, 마약으로 인한 몽롱함

사건현장이 살인무기다.
셜록 홈즈

17

적은 것이 많은 것이다

착각

당신은 게으름과의
시간 분배를 잘못했기 때문에
할 일을 뒤로 미룬다.

진실

당신이 할 일을 미루는 이유는
즐거운 것을 선택하고 싶은 원초적인 본능에
굴복하기 때문이다.

22

미루기 전략

의지력의 긴 싸움

'오늘 할 수 있는 일을 내일로 미루지 마라.' 그런데 왜 하려는 일, 그리고 해야만 하는 일을 하는 것이 그토록 힘든 것일까? 우리는 왜 할 일을 미뤄두고 더 즐거운 것, 더 수월한 것 그리고 더 비이성적인 것에 정신을 빼앗기는가? 게으름과 잘못 짠 계획 때문인가? 어떤 사람들은 꼭 봐야 하는 중요한 신문기사를 잔뜩 모아놓고 반드시 읽어야겠다고 생각하면서도 매일 신문에 실린 풍경 사진만 들여다보거나 낱말 퍼즐에만 집중한다. 문제는 시간관리가 아니라 우리가 뇌에서 벌어지는 의지력과의 싸움에서 패배했다는 것이다. 우리의 원초적인 본능은 즉각적인 보상을 따르라고 부추기고, 부족한 인내력은 우리를 알 수 없는 미래에 있는 먼 목표에 집중하지 못하게 한다. 그러므로 우리는 당장 내일 해야 할 일 목록을 길게 작성할 것이 아니라, 즉각적으로 우리의 의지력 박약에 대처해 이기고 극복해야 한다.

자기 불구화 현상 → 97쪽

마시멜로 실험

스탠포드 대학의 심리학과 월터 미셸(Walter Mischel) 교수는 1968년에서 1974년까지 학령기 이전의 아이들을 대상으로 '마시멜로 실험'이라고 불리는 실험을 실시했다. 아이들에게 마시멜로를 보여주면서 두 가지의 선택지를 제안했다. 하나는 지금 곧바로 한 개를 먹는 것, 또 하나는 선생님이 돌아올 때까지 참고 기다려서 마시멜로 두 개를 받는 것이었다. 어떤 아이들은 참고 기다렸고, 또 어떤 아이들은 그렇지 못했다. 후속 연구에 따르면 보상을 기다리며 참았던 아이들은 유혹에 잘 넘어가지 않고 자기 자신을 극복하고 학교나 직장에서 더 성공했다.

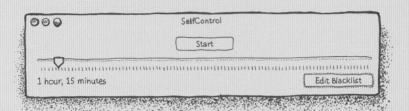

미루기

일을 미루고 연기하고 꾸물거리는 것은 미래의 나와 벌이는 싸움으로 현실의 나를 공격한다. 일을 미루는 행위가 만성이 되어 심각해지면 'self control' 또는 'freedom'과 같은 프로그램이 도움이 될 수 있는데 이 프로그램들은 집중을 방해하는 인터넷 사이트를 차단시켜 준다.

예전부터 한번 봐야겠다고 생각한 영화들

〈클라우드 아틀라스〉
〈바람과 함께 사라지다〉
〈카사블랑카〉
〈더 바버〉
〈분닥 세인트 2〉
〈시티 오브 갓〉
_____
_____
_____
_____

예전부터 읽어야겠다고 마음먹은 책들

《장미의 이름》
《반지의 제왕》
《프라하의 묘지》
《앵무새 죽이기》
_____
_____
_____
_____

현재 vs. 미래

현재의 나 아니면 미래의 나?
달콤한 케이크 한 조각 아니면 몸에 좋은 과일?
우리는 미래의 건강을 생각해서 몸에 좋은 과일과 채소를 구입하지만, 정작 달콤한 것들을 먹느라 먹지 못한다. 그래서 종종 썩은 과일을 버리곤 한다.

```
┌──────────┐
│ 아무것도 │
│  안 하기 │
└──────────┘
     │
     ▼
┌──────────┐
│ 죄책감 느낌│
└──────────┘
     │
     ▼
┌──────────┐
│ 미래에 대한 공포│
└──────────┘
     │
     ▼
┌──────────┐
│  무기력  │
└──────────┘
```

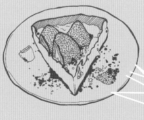

현재의 나

미래의 나

착각

**행동을 보면
그 사람의 성격을 알 수 있다.**

진실

**성격보다도 어떤 특정한 상황이
그 사람의 행동에 더 많은 영향을 미친다.**

23

귀인 오류

히피   펑크

$(\sqrt{2} + \sqrt{8})^2 = 12$

스테피는 틀렸다.
스테피가 틀린 이유를 예를 들어 설명하라.

그녀는 여자다.

사회적 가면

어떤 사람이 처해 있는 상황은 그 사람의 행동에 강한 영향을 미친다. 옷가게 주인은 당신에게 친절하고 열정적으로 대하는데 그 사람은 물건을 파는 것이 목적이다. 그는 어떤 '역할'을 하고 있는 것이다. 회사에서 문제가 있을 때 가장은 가족의 욕구에 대해 무지하다고 여겨질 수 있지만 사실 그는 가족을 끔찍이 걱정한다. 어떤 사람의 행동이 그 사람의 성격을 알려준다고 믿을 때 우리는 귀인 오류를 저지르게 된다. 우리는 어떤 사람을 평가할 때 성급하게 판단을 내리는 경향이 있으며 특수한 영향과 상황을 배제시켜버린다.

Going Postal(격분하다)

1980년대와 90년대에 미국에서 우체국 직원이 벌인 광란의 살인 사건이 여러 차례 발생했다. 미국에서는 워낙 다양한 원인으로 살인 범죄가 빈번하게 일어나고 수치상으로도 우체국보다 일반 상점에서 살인사건의 희생자가 되는 경우가 더 많음에도 불구하고 이 우체국 직원의 사건이 사람들의 뇌리에 깊게 박혔다. 이 사건 이후 언론과 사람들 사이에 'going postal'이라는 말이 '직장에서의 살인광란'을 표현하는 관용어로 사용되기에 이르렀다. 우체국 직원들이 특별히 더 폭력적인 것도 아니고 모든 광기 살인자들이 심신미약의 미친 사람들도 아니다. 이것은 우리를 안심시키는 귀인 오류다. 그러면서 거의 모든 사람들이 좌절, 공포, 압박, 그리고 분노가 쌓이고 분출할 수 있다는 사실을 회피한다.

주의하시오

첫인상은 착각이다

어떤 사람의 행동을 보고 그 사람의 성격을 알 수 있다고 믿는 사람은 귀인 오류를 저지르는 것이다. 우리는 모든 것을 즉시 의미 있는 어떤 질서 속으로 몰아넣으려는 경향이 있고, 구성원의 변화 없이 작은 무리가 매일 함께 시간을 보내던 원시시대 때부터의 습성대로 모든 것을 고정관념과 익숙한 범주로 분류하려고 한다. 우리가 정기적으로 만나는 사람들과 달리 낯선 사람들의 경우에는 어떤 행동의 양상과 배경을 확인할 수가 없다. 우리에게는 전체적인 상황에 대한 정보가 부족하기 때문에 그런 행동의 이유를 성격에서 손쉽게 찾는다. 스탠퍼드 감옥 실험(1971년 스탠퍼드에서 심리학자 필립 짐바르도가 실시한 실험)은 어떤 상황이 우리의 행동에 얼마나 강한 영향을 미치는지 보여준다. 실험자는 학생 그룹을 (전과가 없는 중산층) 간수와 투옥자로 나눴다. 그러나 실험은 얼마 가지 않아 중단되었다. 실험 참가자들이 자신이 처한 상황에 따라 며칠 만에 폭군 같은 공격자(간수)와 정신적 고통을 받는 희생자(투옥자)로 변해 있었기 때문이다.

기대 → 89쪽

착각

**당신은 주변 상황을
적절히 예측하고 통제할 수 있다.**

진실

**당신이 통제할 수 있다고 믿는 상황은
대부분 우연에 달렸다.**

24

통제의 착각

패턴 찾기

아포페니아
→ 175쪽

이미 원시시대의 사람들은 셀 수 없이 많은 주변의 정보에서 일정한 패턴을 찾아냈고 이것은 인간의 발달에 도움을 주었다. 우리의 뇌는 모든 것에서 패턴을 찾을 수밖에 없게 만들어졌다. 그러나 때로는 지나칠 때가 있다. 그래서 '통제에 대한 착각'이 일어난다. 우리가 관여할 수 없는 일을 꿰뚫어보고 영향을 미칠 수 있다는 생각을 하게 만드는 것이다. '룰렛게임에서 빨간색이 열여덟 번 나오면 다음 판에는 반드시 검은 색이 나온다'(사실 빨간색과 검은색이 나올 확률은 매번 반반이다). 통제에 대한 착각은 마법적인 사고를 하는 경향 때문에 더욱 강화된다. 엄지손가락을 꼭 쥐는 것이 시험을 볼 때 도움이 되었고, 어떤 의식을 행하는 것이 감염으로부터 자신을 지켜주었다고 생각한다. 통제에 대한 착각은 자긍심, 낙관주의 그리고 민첩함으로 나타나 긍정적인 영향을 발휘할 수 있다. 수동성과 무기력한 태도는 어쨌든 별 영향을 미치지 않는다. 통제의 착각을 인지하고 카오스와 우연을 인정하고 자신이 통제할 수 있는 범위가 좁다는 것을 인식하는 것이 가장 좋다.

명사수의 오류
→ 167쪽

오근(Ogoun)

에이잔(Ayizan)

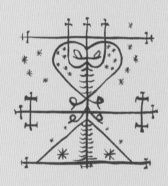

마만 브리짓(Maman Brigitte)

파파 레그바(Papa Legba)

부두교의 상징

하늘에 뜬 구름이 기린을 닮았다. 하지만 이것은 순전히 우연이다. 그런데 우리 그룹이 마침 사파리 여행을 하고 있기 때문에 구름 모양에 의미를 부여한다. 내가 어떤 사람에게 안 좋은 일이 일어나기를 바라다가 마침 그 사람이 다리를 다쳐 부러지면 나로 인해 그렇게 됐다는 통제의 착각에 빠지게 된다.

부두교에서 여러 개의 신령인 로아를 그래픽 상징인 베베(veve)로 나타내, 이런 베베들을 흙에 새기거나 그려 넣는다. 베베를 그리는 것은 부두교 신봉자들만 할 수 있으며 베베를 정확하게 그릴수록 부두교 의식은 더욱 강한 효과를 발휘한다.

착각

어떤 사람의 인생에 대해
많이 알면 알수록
그 사람의 성격을 더 잘 알 수 있다.

진실

당신이 어떤 사람에 대한
고정관념을 가지고 있으면
그 사람에 대해 성급한 판단을 하게 된다.

25

대표성 추단법

→ 율리아는 서른 살이며 싱글이다.
→ 지적이며 마음이 열려 있고 허물이 없다는 평가를 듣는다.
→ 경영학과 사회학을 전공했다.
→ 대학을 다닐 때 인종주의와 사회적인 이슈에 관심이 많았고
   관련 활동에 참여했다.
→ 정치 참여에 적극적이었다.

율리아 문제

1번이 통계적으로 더 가능성이 높음에도 불구하고 대부분의 사람들은 2번을 선택한다.

경제 분야에서 일하면서 동시에 여성의 인권보호를 위해 적극적인 활동을 하는 여성보다는 경제기자로만 활동하는 여성들이 더 많다.

우리가 예상한 어떤 생각에 더 많은 정보들이 맞아떨어질수록 더 가능성이 높은 것처럼 느껴진다. 분석적인 사고 전략인 휴리스틱은 두 번 이용된다.

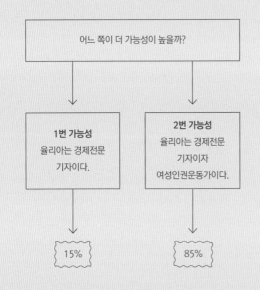

어느 쪽이 더 가능성이 높을까?

1번 가능성
율리아는 경제전문
기자이다.

2번 가능성
율리아는 경제전문
기자이자
여성인권운동가이다.

15%

85%

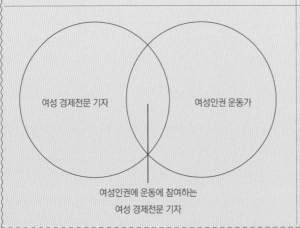

여성 경제전문 기자

여성인권 운동가

여성인권에 운동에 참여하는
여성 경제전문 기자

현실의 인지적 포착

카테고리, 패턴, 여과 그리고 일반화는 원시시대부터 우리가 새로운 인상들을 재빨리 분류하고 결정을 내리는 데 도움이 되었다. 이런 과정은 항상 정확하게 이루어지는 것이 아니라 가능하면 빠르고 효율적으로 일어난다. 그래서 우리는 어떤 사물과 사람들을 대상으로 원형, 카테고리 그리고 선입견을 만들어냈다. '대표성 추단법'은 개연성에 의해 이루어지는 것이 아니라 직관에 의해 일어난다. 통계적으로 봤을 때 '그냥' 경제전문 기자이기만 한 여성의 숫자가 경제전문 기자이면서 동시에 여성인권 운동가인 여성의 숫자보다 더 많다. 하지만 율리아가 인종주의에 관심을 가졌다는 사실이 스테레오 타입을 만들어 단순히 경제전문 기자인 것보다는 두 가지 활동을 동시에 하는 것이 더 신빙성 있게 느껴진다.

명사수의 오류
→ 167쪽

착각

당신은 스스로 느끼는 감정의
이유를 알고 있으며
왜 어떤 것은 좋아하고 어떤 것은 싫어하는지
알고 있다.

진실

당신은 어떤 감정이 드는 이유를
알 수 없을 때도 있으며
그런 감정이 드는 이유를 지어낼 수밖에 없다.

26

자기성찰

내 마음에 들어

왜 특정한 꽃, 특정한 색깔 그리고 특정한 소설이 우리의 마음에 들까? 우리는 왜 특정한 것에 특별한 감정을 느낄까? 사람들에게 이런 질문을 하면 누구나 잠시 생각을 해본 후에 대답한다. 하지만 이런 대답은 인위적으로 만들어낸 것일 뿐이다. 우리 감정의 근원은 무의식이며 우리가 접근할 수 없기 때문이다. 자신의 내면을 들여다보는 '자기성찰'을 하면 무언가를 끄집어낼 수 있지만 그 결과는 불만족스러운 경우가 많다. 파악하기 힘든 감정을 냉철하게 포착해야 하는데 이때 감정은 왜곡된다. 뇌의 논리영역은 찬반을 분석하고 그럴듯한 이야기를 만들어내기 때문이다. 하지만 우리가 의식적으로 접근할 수 없는 감정적인 부분은 간파되고 제한하는 것을 거부한다. 언어와 상징이 아무리 세분화되어 있다고 해도 의식이 접근할 수 없는 개인의 경험의 과정은 모사할 수 없다.

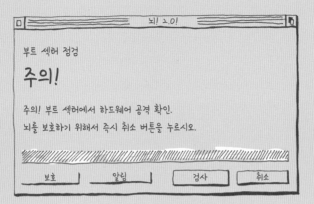

뇌 2.0

컴퓨터의 심장은 부트 섹터이다. 이 로더(loader)를 변경하면 전체 시스템이 무너질 수 있다. 뇌를 고성능 컴퓨터라고 생각하면 된다. 우리의 이성은 하드웨어이다. 같이 딸려오는 소프트웨어에는 무의식과 자동회로가 속한다. 우리가 무언가를 인지할 때마다 적응시키고 수정하고 확장된다. 과학자들은 인간이 자기성찰을 하지 못하는 이유를 뇌에 안전차단기가 있어서 무의식으로의 접근을 막음으로서 숨쉬기와 같은 본질적인 핵심적인 기능들을 조작할 수 있는 가능성을 배제하기 위해서라고 가정한다.

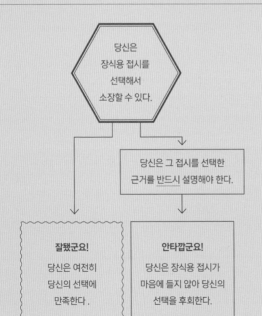

순전히 지어내기

자기성찰은 비생산적으로 작용할 수 있다. 어떤 결정에 대한 동기를 물었을 때, 감정과 이성은 일치되는 그럴듯한 설명을 찾으려고 한다. 그러나 이는 불만족을 야기한다. 그냥 직감에 의해 결정했다고 말하고 싶지만 그럼에도 불구하고 어떤 말도 안 되는 이유를 들게 되고, 그런 과정에서 긍정적인 감정이 파괴되거나 생각이 바뀌기도 한다.

어떤 기분일까?

박쥐는 어떤 느낌이 들까? 상대방이 한 번도 느껴보지 못한 감정을 어떻게 설명할 수 있을까? 감각질(Qualia) 수수께끼는 설명할 수 있는 것의 한계를 조사한다. 철학자 데이비드 흄(David Hume)은 이미 18세기에 사람에게 파인애플의 맛을 어떻게 설명해야 하는가의 문제를 다뤘다. 그리고 마침내 그 맛을 보게 하지 않고는 그 맛을 설명하는 것이 불가능하다는 결론을 내렸다.

토머스 네이글(Thomas Nagel)

미국 철학자이자 교수인 토머스 네이글은 '박쥐가 된다는 것은 어떤 것일까?'라는 논문으로 상당히 유명해졌다. 그는 우리의 인식의 한계를 연구했다. 아무리 많은 연구자들이 박쥐의 삶과 행동과 몸에 대해서 연구해서 알아낸다고 해도 박쥐가 된다는 것은 어떤 것인지는 결코 알 수 없다. 그런 인지는 우리에게 허락되지 않고 영원히 박쥐만 알 수 있는 것이다.

정보 오류

사람의 기억은 확고부동한 사실이 아니다. 기억은 얼마든지 새로운 정보로 기억의 빈틈을 메워서 바뀔 수 있다. 예를 들어 우리와 관련되어 있던 사람이 나를 비호감으로 생각한다는 것을 나중에 알게 되면 우리의 기억은 바뀔 수 있다.

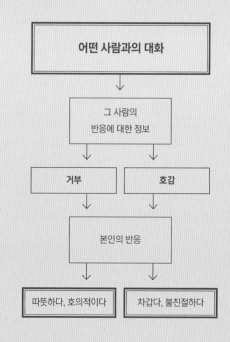

어떤 사람과의 대화

↓

그 사람의 반응에 대한 정보

↓

거부 | 호감

↓

본인의 반응

↓

따뜻하다, 호의적이다 | 차갑다, 불친절하다

일관성 효과

사람들은 기본적으로 모순을 만들려고 하지 않으려는 경향이 있다. 현재의 인격은 무의식적으로 기억을 조작해서 일치되고 일관된 전체적인 그림이 만들어진 것이다. 한마디로, 자아상에 행동이 맞춰진다. 어떤 사람의 자아는 변하지 않는 상수가 아니라 꾸준히 변하며, 대부분의 사람은 '예전부터 항상' 어떤 특정한 의견이나 생각을 갖고 있었다고 생각하는 경향이 있다. 우리는 우리의 발전 과정을 뒤돌아보며 생각하려고 하지만 많은 것이 무의식적으로 일어났고 늘 지금처럼 느꼈다고 생각하는 경향이 있으며 일관성을 느낀다. 일관성 효과는 기꺼이 도움을 주는 사람의 자화상을 만들라고 자극하면 긍정적인 영향을 미칠 수 있다.

정보 오류 효과

도식, 경험 그리고 알려진 패턴은 사람들이 때로는 다른 사람의 이야기와 경험을 자신의 것으로 생각하게 만든다. 어떤 사람이 자신에게 일어났던 재미난 일을 이야기하는데 사실 그것은 친구의 경험이었고 정작 그 사람은 그 자리에 있지도 않았다. 그는 다른 사람의 기억을 받아들여서 실제로 자신의 기억이라고 착각한 것이다. 이런 '정보 오류 효과'가 가능한 것은 기억들이 '구성'되기 때문이다. 필요에 따라 계속해서 새롭게 만들어지고, 빈틈은 채워지고, 맞지 않는 것은 적당히 처리해서 매끄러운 이야기가 만들어진다. 계속되는 (무의식적인) 기억의 변경과 구성 작업을 통해 낯선 기억이 만들어질 수 있다.

일단 그런 질문을 해야 한다면
앞으로도 절대 이해하지 못할 것이다.

'재즈'가 무엇이냐는 질문에 대한 루이 암스트롱의 대답

착각

**당신은 주위에서 벌어지는 모든 일을
마치 카메라처럼 담아낸다.**

진실

**당신은 보는 것 중에서
지극히 일부분만 받아들인다.**

27

주의

바로 옆에 고릴라가 있다?

1990년대에 주의력과 관련해서 진행된 재미있는 실험이 있다. 미리 실험 참가자들에게 패스가 몇 번 오고 가는지 세어보라고 요구한 후, 영상을 보여주었다. 영상 속에서는 서로 농구공을 주고받는 사람들이 나왔다. 대부분의 사람들은 정확한 숫자를 댔지만 실험 참가자 중 절반만이 농구를 하는 사람들 곁을 지나가는 고릴라 의상을 입은 사람을 알아차렸다. 이것은 우리의 주의력이 마치 헤드라이트처럼 공을 주고받는 곳만을 향해 비추고 있기 때문이다. 그래서 고릴라를 보지 못하는 것이다.

우유 다 마셨어요.
냉장고에 우유 더 없어?
네, 우유 더 없어요.

나는 그 앞에 서 있지만 보지 못한다

'무주의 맹시(inattentional blindness)' 현상은 우리의 주의력이 우리 주변의 작은 부분에만 제한되어 있다는 것을 말한다. 그래서 간혹, 바로 우리 눈앞에 있는 대상이나 눈앞에서 일어나는 사건을 보지 못하는 경우가 일어나는 것이다. 헤드라이트 시야 또는 터널 시야는 예외적인 현상이 아니라 우리 지각의 정상적인 상태이다. '변화 맹시(change blindness)'의 경우에도 비슷하다. 시야에 들어오는 변화를 눈치채지 못하는 것이다. 주의가 어떤 특정한 곳에 집중되어 있어서 단기 기억은 주변을 완전히 담아내지 못한다. 그래서 예를 들어 실험 참가자들은 같은 조망에서 촬영했지만 각 사진마다 다른 사람이 등장하는 여러 장의 여행 사진에서 보여지는 산 배경이 매번 달라 보인다는 것을 눈치채지 못한다.

멀티테스크

↓

<u>모노</u>테스크

모노테스킹

제품 디자이너인 파올라 카르디니는 멀티테스킹의 압박으로부터 자유로워지는 것을 중시한다. 온갖 뉴스, 정보의 홍수, 소셜 네트워크 그리고 셀 수 없이 많은 어플 속에서 휴식과 집중을 하는 것이 과연 가능할까? 카르디니는 바로 이런 모노테스킹을 가능하게 하는 아이폰 케이스를 디자인했다. 케이스는 불필요한 기능들을 감춘다. 음악을 들을 때는 시작, 정지, 앞으로 가기, 뒤로 가기 버튼 그리고 소리조절 버튼만 있으면 된다. 그리고 전화를 할 때 키패드와 끊을 수 있는 버튼만 있으면 된다. 카르디니는 우리가 다시 본질적인 것에 집중할 수 있도록 다운그레이드를 주장한다.

착각

**당신은 결정을 내리기 전에
모든 측면들을 냉철하고 이성적으로
평가한다.**

진실

**당신의 모든 결정들은
첫인상에 의해 결정된다.**

28

감정 휴리스틱

첫인상

첫인상은 우리가 생각하는 것보다 우리에게 더 강한 영향력을 미친다. 우리가 철두철미하게 따져보고 결정을 내린다고 생각하는 것은 환상에 불과하다. 우리는 종종 즉흥적으로 결정하고 새로운 상황과 정보들을 신속하게 평가하면서 그것이 우리에게 좋은 것인지 나쁜 것인지 빠르게 결정을 내린다. 그런데 우리가 어떤 상황의 양과 질을 '혼동'하게 되면 잘못된 결정을 내릴 수 있다. 이를 '감정 휴리스틱'이라고 부른다. 우리는 체계적이고 이성을 기반으로 한 평가와 감별에 충분한 시간을 두지 않고 **이따금 불확실한 감정에 따른다.** 이런 본능적이고 재빠른 반응은 위험상황에서 우리를 구해줄 수도 있지만, 이런 식으로는 복잡한 문제를 해결할 신뢰할 만한 방책을 만들 수 없다.

프라이밍 → 19쪽

닻을 내리다

첫인상이 우리의 결정을 좌우한다. 때때로 첫인상은 우리가 결정을 내린 유일한 근거가 되기도 한다. 하지만 우리는 살아가면서 우리에게 방향을 제시하고 닻을 내리는 것과 같은 역할을 하는 경험들을 수없이 쌓게 된다. 그래서 우리는 가령 얼핏 본 액세서리의 가격이나 사람들이 모여 있는 무리의 숫자를 대략 짐작할 수 있다. '기준점 휴리스틱'은 단순화 또는 관련성으로 우리가 예측이나 판단하는 것을 도와주고 기준을 마련하고 **앞으로 내리게 될 결정을 위한 토대를 마련한다.**

제품의 대명사가 된 상품 이름들

우리가 앞으로 내릴 결정들은 첫인상의 영향을 강하게 받는다. 긍정적인 연상 작용과 막대한 영향력 때문에 어떤 상품명은 그 제품군의 대명사가 되기도 한다. 입술보호제가 라벨로가 되고 형광펜은 에딩이 된다. (라벨로는 유명한 입술보호제 브랜드이며 에딩은 형광펜 제품명이다. 접착식 메모지를 '포스트잇'이라고 부르는 것과 같은 경우다—옮긴이 주)

위험 vs. 보상

감정 휴리스틱은 우리가 좋아하거나
싫어하거나 무엇을 하고 싶거나 하고
싶지 않은 것에 대한 결정을 내릴 때
도움이 된다. 예를 들어 오늘 저녁에
무엇을 먹을지 결정할 때 말이다. 우
리가 늘 그렇듯 기름진 햄버거와 감자
튀김을 먹기로 결정함으로써 우리는
건강을 해치게 되지만 장기적이고 추
상적인 위험은 우리의 감정에 잘 와닿
지 않는다. 그러나 밤에 지하철역에서
집으로 갈 때의 위험은 우리가 곧잘
느낄 수 있기 때문에 많은 사람들이
호신용 스프레이를 들고 다닌다.

분석 시스템

– 느림, 많은 수고

– 의도적

– 심사숙고 가능

– 논리적, 분석적

자동 회로

– 빠름, 수고 불필요

– 자동적

– 심사숙고 불가능

– 은유적, 전체적

아스피린 → 두통약
에딩 → 형광펜
라벨로 → 입술보호제
누텔라 → 헤이즐넛-초콜릿 스프레드
우후 → 만능접착제
템포 → 휴지
테자 → 투명테이프

착각

**당신의 뇌에는
당신이 지금껏 알던 모든 사람들에 관한
지식이 저장되어 있다.**

진실

**당신은 기껏해야
동시에 150명에 대한 지식을
가지고 있을 수 있다.**

29

던바의 수

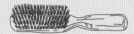

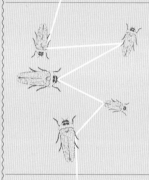

fakebook

존 웨인
프로필 수정

즐겨찾기
- 새로운 소식   68
- 뉴스
- 행사
- 사진
- 친구 찾기

친구
- 진짜 친구   5
- 가족   2
- 한 번도 본 적 없음   24
- 그냥 있음   461
- 싫은 사람들   57

그루밍

'그루밍'은 자신을 가꾸고 단장하는 것을 의미한다. 동물들의 경우 털을 정리나 몸을 단장하는 것은 주로 무리 내에서 이루어진다. 또 영장류, 말 또는 일부 조류들이 서로 좋은 일을 해준다. 사람들은 만나서 서로 머리에 있는 이를 잡아주는 것이 아니라 수다를 떨고 정보를 교환하고 연락을 주고받는다. 모바일 통신, 페이스북 그리고 그 밖의 네트워크가 성행하는 시대에 지리적인 거리는 더 이상 장애물이 되지 않는다. 사람들은 언제 어디서나 거리와 상관없이 그루밍을 할 수 있다. 그러나 수백 명의 아는 사람, 팔로워 그리고 친구들 중에서 진짜 친구들은 대체로 손에 꼽힌다.

친구 신청이 들어왔습니다

영국의 인류학자이자 심리학자인 로빈 던바(Robin Dunbar)는 포유류의 (사람 포함) 뇌 구조, 특히 뇌 신피질의 크기와 각 개인이 감당할 수 있는 다른 사람들과 의미 있는 관계를 맺을 수 있는 집단 규모 사이의 상관관계를 밝혀냈다. 이른 바 '던바의 수(Robin Dunbar' Number)'인데, 사람의 경우 타인의 이름과 중요한 관계를 알고 있는 수가 평균 약 150명이라고 한다. 우리의 뇌 데이터베이스는 특정한 한계 상태부터는 제로섬 시스템처럼 작동한다. 이는 용량의 문제 때문이 아니라 관계를 지속하고 유지하기 위해서 들여야 하는 시간과 노력의 수고 때문이다. 학자들은 가상 소셜 네트워크를 어떻게 분류해야 하는지 여전히 연구하고 있다. 어쨌든 아직까지는 페이스북 '친구' 1,000명도 던바의 수를 무력하게 만들지는 못한다.

사회적 본능
→ 193쪽

노출증 2.0

영국의 신경과학자이자 작가인 수전 그린필드(Susan Greenfield)는 페이스북과 같은 소셜 네트워크가 인간의 뇌에 미치는 영향을 집중적으로 연구한다. 페이스북은 친구와 지인들에게 서로 지속적인 관찰을 하도록 독려하고 다른 사람을 감시할 뿐만 아니라 다른 사람이 우리의 경험에 동참할 수 있는 디지털 자료를 계속해서 만들어내게 한다. 우리의 뇌는 지속적인 주의력, 공감 그리고 어떤 캐릭터를 철저하게 탐구하는 것을 잊어버릴 수 있으며 사적인 영역과 개성이 무너질 수 있으며 우리는 행동을 하고 상상력을 발휘하고 반영하는 대신에 포스팅에 반응하고 대중에 휩쓸려가는 피상적인 인간이 될 위험이 있다. 나아가 디지털 정체성이 다른 사람에게 보이는 유일한 정체성이 될 수 있다.

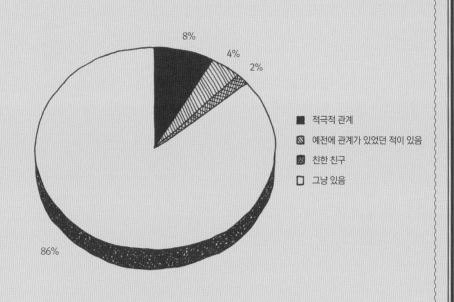

8%
4%
2%

■ 적극적 관계
▨ 예전에 관계가 있었던 적이 있음
▩ 친한 친구
□ 그냥 있음

86%

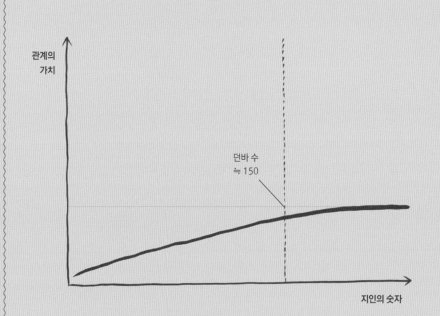

관계의
가치

던바 수
≒ 150

지인의 숫자

착각

**누군가에게
무슨 일이 일어나면
다른 사람들이 즉시 도와준다.**

진실

**사람들은
주위에 다른 사람이 많으면
위험에 처한 이를 도와주기보다는
그냥 지켜보는 경향이 있다.**

30

방관자 효과

방관자

사람이 많이 모여 있는 곳에서 어려움에 처하게 되었을 때 근처에 있는 낯선 사람들이 도와줄 것이라고 생각하는 것은 순진한 생각이다. 오히려 주변에 목격자가 적을수록 도움을 받을 수 있는 가능성이 커진다. 모든 사람들은 자신이 할 수도 있지만 주변에 그 일을 할 수 있는 사람이 충분히 많다고 생각한다. 이것이 '방관자 효과'다. 특히 인구밀도가 높은 대도시에 위급상황이 발생할 경우 사람들이 도와주지 않고 그냥 지나치는 사례를 많이 찾아볼 수 있다. 왜 그럴까? 인간은 다른 사람들이 가만히 있을 때 과도하게 흥분하는 것처럼 보이고 싶어 하지 않기 때문이다. 그리고 사람들은 확실하지 않은 애매모호한 상황에서 다른 사람의 행동을 관찰함으로써 그 상황을 판단하기 때문이다. 다른 사람들이 흥분하며 행동하지 않는 환경에서 자신이 그 상황을 잘못 파악했을지도 모른다는 위험을 감수하지 않으려고 한다. 이를 '다원적 무지'라 부른다. 결국 혼자인 사람이 모든 책임을 떠맡는다. 이제 방관자 효과를 알게 되었다면 가장 먼저 도움을 주기 위해 앞장서자. 분명 다른 사람들이 뒤따르게 될 것이다.

정상화 편향
→ 63쪽

구조요청

교통량이 많지 않은 국도에서 자동차 사고가 났을 경우가 교통량이 많은 시내에서 사고가 났을 때보다 도움을 받을 가능성이 높다. 익명의 다수들 속에 있을 때보다 목격자가 적을 때 도와주고자 하는 충동이 더 잘 일어나기 때문이다.

방관자 효과

착각

**당신은 우연이
원인과 결과에 따라 일어나는 것처럼
보인다는 것을 알고 있다.**

진실

**당신이 어떤 결과를
중요하고 심지어 바람직하다고 생각할 때,
그것이 우연일 수도 있다는
가능성을 무시한다.**

31

명사수의 오류

그것은 섭리가 틀림없어!

통제의 착각
→ 133쪽

우리는 일반적으로 우연을 잘 알아차리지 못한다. 그러면서도 우리는 우리가 보는 모든 것에서 패턴이나 도식을 만들려고 하고 그 뒤에 숨은 의미를 짐작해 보려고 애쓴다. 그런데 이 세상, 우리의 삶 그리고 우주를 결정하는 것은 혼돈, 우연의 결과 그리고 카오스다. 이처럼 우리가 우연한 사건에 대해 나중에 인위적인 질서를 덧씌우게 되는 것을 '명사수의 오류'라고 부른다. 이 오류에 따르면 표적이 먼저 있었던 것이 아니라 (그리고 표적을 향해 쏜 것이 아니라) 구멍이 먼저 있었고 구멍 주위에 표적은 나중에 만들어진 것이다. 두 사람이 몇 가지 공통점 때문에 서로를 위해 정해진 짝이라고 믿게 되면 절대로 서로 맞지 않는 측면들, 특징 그리고 좋아하는 것들을 외면한다. 가장 유명한 '명사수의 오류'는 '링컨-케네디 미스터리'이다. 두 전직 대통령은 놀라울 정도로 많은 공통점을 가지고 있고 오늘날까지도 많은 사람들은 이를 단순한 우연으로 받아들이려고 하지 않는다. 그런데 여기서 다른 수많은 차이점들은 무시되고 수많은 정보의 양으로부터 새로운 이야기가 재구성된다. 그렇지만 토스터기로 구운 빵에 성모 마리아의 얼굴이 나타난 것은 순전히 우연이다!

아포페니아
→ 175쪽

존 F. 케네디 JOHN F. KENNEDY		에이브러햄 링컨 ABRAHAM LINCOLN
미국 대통령	동일한 직함	미국 대통령
K E N N E D Y	알파벳 7개, 모음 2개, 자음 5개, 'N' 2개	L I N C O L N
1961년 취임	100년 간격	1861년 취임
암살	사망 원인	암살
리 하비 오스왈드	범인: 이름 3개, 알파벳 15개	존 윌크스 부스
Lee Harvey Oswald		John Wilkes Booth
금요일 사망	암살된 요일	금요일 사망
부인 곁에서 사망	사망 장소	부인 곁에서 사망
암살 장소 포드차량 '링컨'	'포드'	암살장소 포드 극장
린든 B. 존슨, 1908년생	후임자	앤드류 존슨, 1808년생
비서 에블린 링컨		

포드 링컨

착각

**당신은 새로운 것을 알게 되면
자각할 수 있다.**

진실

**당신은 새로운 정보에 대해
대부분 이미 전부터 알고 있었다고 주장한다.**

32

사후확증 편향

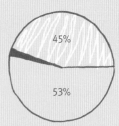

"같은 경험을 공유한 친구들이
실제보다 더 과장해서 말하는
경향이 있다."

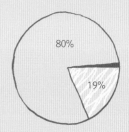

"나는 이야기에 흥미를
더하기 위해 이따금
다른 이야기를 조금 덧붙인다."

일단 설명이 끝나고 나면 모든 것은 아주 진부하게 느껴진다.

왓슨 박사가 셜록 홈즈에게

☐ **네.** 맞아요
☐ **아니오.** 그렇지 않아요.
▨ 모름

예
– 나는 네가 이길 줄 알고 있었어.
– 나는 처음부터 그렇게 될 줄 알고
  있었어.
– 나는 바로 그런 일이 일어날 줄
  예상하고 있었어.
– 당연하잖아.
– 그가 거절할 줄 알았어.
– 당연히 그런 일이 일어날 수밖에
  없잖아.
– 네 전화가 올 줄 알고 있었어.

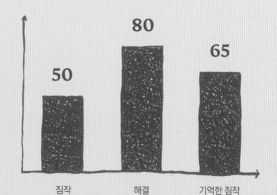

나는 알고 있었어

우리는 당연히 우리가 이미 알고 있었던 것과 우리가 새로 알게 된 정보, 인식 그리고 경험을 구분할 수 있다. 과연 그럴까? 사람들은 더 똑똑하고 사려 깊게 보일 수 있고 사후에 과거나 더 그럴듯하게 보일 수 있는 기회가 마침 생기면 '사후확증 편향'을 갖게 된다. 우리는 갑작스럽게 이미 다 알고 있었다고 주장한다. 그러면서 재빨리 잘못된 가정을 옳은 가정으로 대체하고 과거를 수정해서 이제 사실에 잘 들어맞도록 고친다.

옳은 사람은 이미 원시시대 때부터 더 많은 생존기회를 가질 수 있었고 덜 당황하며 더 수월하게 잘 살아갈 수 있었다. 우리는 절대 틀린 적이 없었다고 생각하고 우리는 스스로를 속이고 있다는 사실조차 의식하지 못한다. '사후확증 편향'은 과도한 자신감과 가능한 연관성의 분석을 철저히 하지 못한 것과 함께 나타난다.

착각

**어떤 우연의 경우에는
반드시 특별한 이유가 있을 것이다.**

진실

**어떤 우연이 나타나는
특별한 이유는
당신의 상상 속에서만 존재한다.**

33

아포페니아

마지막 퍼즐 조각

어떤 우연은 너무나 의미심장해 보여서 절대 우연일리가 없다는 생각이 든다! 그렇지만 얼마든지 우연일 수 있다. 여기서 설명하려는 현상을 아포페니아 (Apophenia)라고 한다. 우연, 즉 카오스와 같은 혼잡한 상황에서 특정한 패턴과 의미를 찾으려는 것이다. 사람들은 무엇에서든 항상 어떤 의미를 찾으려고 하며 무질서 속에서 패턴을 찾으려는 경향이 있다. 영화와 스릴러는 이런 욕구를 십분 이용한다. 하지만 우리가 살고 있는 현실에서는 사람들이 감동하며 찾지 못한 마지막 퍼즐 조각으로 생각하는 것들이 순전히 우연이다. 어떤 날짜, 시간, 그리고 숫자의 배열은 카오스에서 존재하지도 않는 어떤 의미를 부여한다. 그것을 인지하는 인간은 카오스적인 전체적인 소리는 외면하고 단 하나의 신호만 끄집어내기 때문이다. 사람들은 계속해서 이른바 확증편향에 빠지게 된다.

연역의 기술
→117쪽

**어려운 문제를 풀려고 시도해보자.
당신은 그 문제를 풀 수 없을지 몰라도
다른 것을 증명할 수 있다.**

존 E. 리틀우드(John E. Littlewood) – 수학자

> **우리는 하루에 열두 시간쯤 활동한다.**
> **매초마다 어떤 사건이 일어난다.**

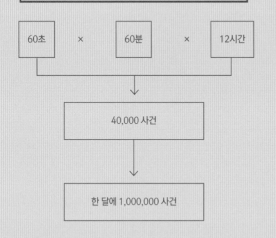

60초 × 60분 × 12시간

40,000 사건

한 달에 1,000,000 사건

우연의 수학

케임브리지 대학교의 수학자 존 E. 리틀
우드는 기적은 1,000,000분의 1의 가능
성을 가지고 일어난다는 가설을 세웠다.

리틀우드의 '기적의 법칙'에 따르면 모든
사람은 한 달에 한 번씩 기적을 경험한다.
약 70억의 인구를 고려하면 기적적인 사
건들이 드물지 않게 일어난다고 볼 수 있
다. '기적은 항상 일어나요'라는 노래도
있지 않은가.

계산

대부분의 사건들은 사소하다. 그런데
번번이 한 번씩 눈에 띄는 사건이 일
어난다.

당신이 마지막으로 기적을 경험한 것
은 언제인가?

존 E. 리틀우드→

존 리틀우드는 1885년에 태어나서
1977년에 사망했다. 그는 고드프리
해롤드 하디(Godfrey Harold Hardy)
와 함께 했던 해석학 연구로 유명해졌
다. 덴마크의 수학자였던 하랄 보어
(Harald Bohr)는 동시대를 살아가고
있는 위대한 영국 수학자 하디, 리틀우
드 그리고 하디-리틀우드 세 명을 알고
있다는 농담을 하며 그를 치켜세웠다.

신성한 토스트

플로리다에 사는 다이앤 듀이서(Diane Duyser)라는 이름의 노년 여성은 여느 아침과 마찬가지로 빵을 구워 치즈 샌드위치를 준비했다. 그런데 빵을 한 입 베어 먹고 나서 더 이상 먹을 수가 없었다. 빵을 굽는 과정에서 빵 조각이 신성해졌다는 것을 발견했기 때문이었다. 듀이서는 빵 조각에 성모 마리아 그림이 나타난 것을 보았던 것이다. 그녀는 곧바로 그 신성한 빵을 밀폐용기에 넣어 28,000달러에 경매를 붙였다. 토스트는 세계적으로 전시되었고 제의적 대상이 되었다. 이제는 토스트 도장까지 제작되어 우연히 그을려진 성모 마리아 문양을 빵 위에 일부러 새길 수도 있다.

불운

구운
치즈 샌드위치

네스 호의
괴물

유니콘

유니콘은 말이나 노루를 닮았고 온화, 선 그리고 순수를 상징하는 상상의 동물이다. 이마에는 커다란 나선형의 뿔이 있어서 이 뿔로 용감하게 싸우고 치료를 한다. 15세기경 약삭빠른 나그네들은 일각고래의 커다란 이빨을 유니콘의 귀한 뿔이라거나 야생 산양의 뿔을 매끄럽게 사포로 문지른 후 전설의 새 그리핀(사자의 몸통에 독수리의 날개와 부리를 지닌 상상의 괴물이다-옮긴이 주)의 갈퀴 발톱이라고 속이기도 했다.

확증을 향한 탐색

사람이 무의적으로 확인에 대한 욕구를 가지게 되면 기이한 것을 믿을 가능성이 높아진다. 풀리지 않은 수수께끼가 선사하는 기분 좋은 소름과 자극은 우리의 감탄을 자아내고 우리가 마술과 초자연적인 것을 기꺼이 믿게 만든다. 우리 조상들이 귀신, 환상 또는 미스터리로 여겼던 많은 현상들이 과학적인 발달과 발견을 통해 해명이 되었다. 그리고 마법이 풀렸고 (예를 들어 낮에는 나무 안에서 숨어 지내다가 밤에 소리 없이 나뭇가지 위에 나타나는 부엉이를 숲의 정령이라 믿었다) 비밀스러운 것에 대한 믿음은 사물을 철두철미하게 알아보려는 노력의 부족으로 더욱 강화된다. 인간은 아름다운 미스터리를 믿으며 흐릿하고 믿을 수 없는 사진을 보면서 네스 호에 괴물이 있다고 확신하며 괴물이 존재하는 것이 불가능하다고 입증하는 과학적 측정과 조사를 믿으려 하지 않는다. 우리는 객관적인 분석을 토대로 의견을 만드는 것이 아니라 우리의 가정을 확인시켜주는 정보와 미디어 보고들을 무의식적으로 여과해서 받아들이기 때문이다. 이것이 바로 확증 편향이다. 자신의 생각과 일치하지 않는 수없이 많은 반박 증거들은 모조리 무시하는 것이다.

통제의 착각
→ 133쪽

내가 빨간 운동화를 사면
그때부터 매일 빨간색과 마주치게 된다.
왜 다들 갑자기 빨간 운동화를 신고 다니는 걸까?

우리에게 확증 편향이 있기 때문이다.

사랑은 대수학이다

착각

**첫눈에 반하는
사랑은 없다.**

진실

**처음 몇 분이
어떤 사람과의 관계를 결정한다.**

34

사랑의 콩깍지

뜨거운
사랑의 3단계

짜릿한 설렘
성적 욕구가 새로운 사랑에 불을
지핀다.

↓

로맨틱한 사랑
도파민이 활성화된다.

↓

서로의 결합
흥분되었던 감정이
기분 좋은 편안함이 된다.

도파민

신경전달물질인 도파민은 우리 몸의
행복 호르몬으로서 욕망, 요구, 동기
그리고 기쁨을 불러일으킨다. 도파민
은 우리의 보상 시스템을 조정하고 행
운 게임이나 사랑에서 도취되는 듯한
감정 상태를 만들 수 있다. 그래서 우
리는 사랑에 빠진 감정으로 중독이 될
수 있다.

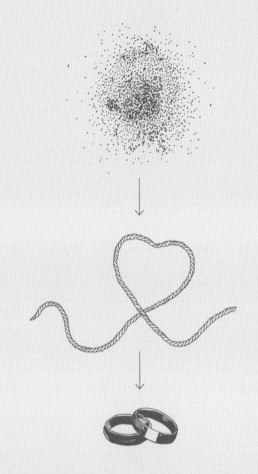

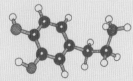

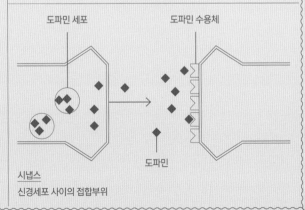

도파민 세포　　　　　　　　도파민 수용체

시냅스
신경세포 사이의 접합부위

도파민

첫눈에 반하는 사랑

사랑의 본질은 무엇인가? 유사 이래로 수많은 철학자, 시인 그리고 음악가들은 사랑이 무엇인지 규명하려고 애썼다. 로맨틱한 사랑은 사람들에게 그야말로 본질적이고 중요한 의미를 갖는 듯 보인다. 일단 초점이 사랑하는 사람에게 맞춰져 있으면, 자연의 힘으로부터 벗어나 모든 반대 주장들은 무시된다. 도파민 분출, 행복의 화학 물질이 최고조로 활성화되고 사람은 강박 상태, 그리고 코카인 중독과 유사한 충동에 휩싸인다.

우리의 충동은 큰일을 해낸다. 짜릿한 설렘과 함께 성적 충동이 일어나 사랑을 로맨틱하게 만들며 두 사람이 결합할 수 있게 만들어준다. 새로운 것, 미지의 것은 파헤쳐야 하는 비밀처럼 도파민을 활성화시키고 낭만적인 사랑에 날개를 달아준다. 사랑이 없으면 활기가 없는 곳이었을 세계를 향해.

착각

서로 다른 사람들끼리
매력을 느낀다.

진실

사람은
유유상종이다.

35

거울 뉴런

헬무트 & 한네로레

누구 옛 독일 총리 헬무트 슈미트
(2015년 사망) & 한네로레(2010년
사망)

어떻게 소꿉놀이 친구로 만남

언제 1942년 결혼

거울 뉴런 미술, 음악, 토론, 체스, 골초

익숙한 것에 대한 갈망

사람이 공감을 할 수 있는 것, 즉 다른 사람에게 감동을 받거나 두려워하거나 고통을 받는 것을 함께 느낄 수 있는 이유는 아주 복잡한 뇌세포인 거울 뉴런 때문이다. 거울 뉴런은 우리 앞에 있는 상대가 하품을 하면 우리도 하품을 하게 만들고 우리가 아이에게 밥을 먹일 때 우리도 살짝 입을 벌리게 만든다. 거울 뉴런은 다른 사람들에게만 작용하는 것이 아니라 어떤 대상이나 상황에 대해서 작동하기도 한다. 그것은 무의식적인 자기애 또는 익숙한 것에 대한 갈망일 수 있다. 실제로 사람들은 '유유상종'이라는 사실을 확인할 수 있다. 사람들은 자신의 이름과 같은 알파벳으로 시작하는 제품을 선호하고 자신과 생일이 같은 사람에게 더 많은 호감을 느낀다. 평균 이상으로 많은 부부나 연인들이 같은 알파벳으로 시작하는 이름을 가지고 있다. 예를 들어 마리안네와 미하엘 또는 하이노와 한네로레처럼 말이다. 파트너들은 서로 닮아간다. 호흡 리듬이 비슷해지고 단어 선택이 닮아간다. 모방은 애정의 무의식적인 표현이기 때문이다.

카밀라 &
찰스

누구 영국 황태자 & 콘월 공작부인

어떻게 폴로 경기장에서 만남

언제 1970년

거울 뉴런 참을성, 인내심

한네로레 &
하이노

누구 대중가수 하이노(본명 하인츠 게오르그 크람) & 매니저이자 아내 한네로레

어떻게 미스 오스트리아 선발전에서 만남

언제 1972년

거울 뉴런 금발, 파란 눈, 젊음에 대한 집착

마리안네 &
미하엘

누구 포크 음악가 및 진행자 듀오. 아돌프 미하엘과 마리안네 하르틀 부부

어떻게 뮌헨 극장 노래 듀오로 만남

언제 1973년

거울 뉴런 웃음, 유쾌함

한네로레 &
헬무트

누구 옛 독일총리 헬무트 콜(2017년 사망) & 한네로레, 외국어담당 비서 (2001년 사망)

어떻게 루드비히스하펜 동창회에서 만남

언제 1948년

거울 뉴런 역경에 흔들리지 않는 강인함

착각

**싸울 때 마음을 감추고
은근슬쩍 넘어가면 안 된다.**

진실

**잊는 것이
곧 용서하는 것이다.**

36

사회적 본능

눈에는 눈, 이에는 이

인간은 일찍부터 집단생활을 했고 함께 살고 있는 사람들의 행동을 파악하는 능력인 사회적 본능을 일찌감치 터득했다. 사람의 지능은 다른 사람의 행동과 생각을 얼마나 잘 파악하느냐에 따라 알아볼 수 있다. 인간은 자신의 주변에서 주입 → 55쪽 특별한 가족 본능 그리고 공동체 본능을 발전시킨다. 그는 자신을 친척들과 동일시할 뿐만 아니라 자신의 직업 집단, 특정 지역의 주민, 종교의 신자들, 어떤 던바의 수 → 157쪽 단체 또는 같은 아픔을 가진 사람들과도 동일시한다. 절대적인 신뢰와 상호 간의 '기브 앤 테이크'가 토대가 된다.

다른 사람들이 웃기 시작하면
왜 웃는지 몰라도 항상 따라 웃어라.
빠르면 빠를수록 좋다.

일본 여학생, 프린스턴 대학교

가족 본능

당신의 혈족을 보살펴라.

종족 본능

당신의 집단과 당신을 동일시하라.
그 구성원들과 협력을 하고 지켜라.

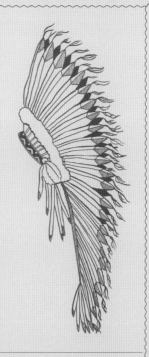

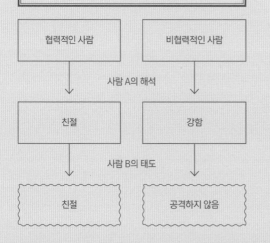

눈에는 눈 이에는 이(Tit for tat)

'눈에는 눈, 이에는 이'라는 문화적 규칙은 주로 무의식적으로 적용된다.

어떤 사람과의 교류는 친절로 시작된다. 그런 다음에 항상 상대방이 마지막으로 보인 태도를 따라가게 된다. 그런데 마지막 태도만 기억되고 예전의 잘못들은 잊히고 용서된다.

상대가 비협력적으로 행동하면 방어를 하게 된다. 그렇지 않고 친절하기만 한 태도는 약점으로 받아들여져서 상대가 공격한다.

두뇌 2.0

⁂

착각

**사이보그는
아직까지 허구에 불과하다.**

진실

**우리의 감각은
기계에 의해 대체될 수 있다.**

37

인간 사이보그

사람 - 기계

좀비 시스템
→ 67쪽

영국인 네일 하비슨(Neil Harbisson)은 사람과 기계가 합체된 사이보그 인간으로 색깔을 '들을' 수 있다. 하비슨은 색상인지불능환자로 색깔을 전혀 보지 못하고 모든 이미지를 흑백으로만 구분한다. 그를 사이보그로 만들어준 것은 전자 눈이다. 색 센서가 색을 음향으로 바꿔주어 소리의 변화로 색상을 인식한다. 소프트웨어는 그의 두뇌에 장착되어 그의 신체 일부분이 되었다. 사이보그처럼, 마치 인간 사이보그처럼.

네일 하비슨은 슈퍼마켓 안을 돌아다니는 것이 마치 나이트클럽에 가는 것과 같다고 설명한다. 특히 청소용 세제들이 아주 흥미진진한 음향으로 표현된다. 그는 이제 옷을 고를 때 어떻게 보이는지에 따라 선택하지 않고 어떻게 들리는지에 따라 선택한다. '아이보그'의 도움으로 네일 하비슨은 보통 사람들의 눈으로는 볼 수 없는 더 많은 색상들을 볼 수 있다. 그의 색상 스펙트럼은 자외선과 적외선도 포함하고 있어서 리모컨과 동작 감지기의 파동을 들을 수 있으며 언제 안전하게 일광욕을 할 수 있는지 미리 예측도 할 수 있다. 그는 영국 정부로부터 사이보그로 인정받은 최초의 사람이다. 그의 여권에는 '아이보그'가 달린 사진을 볼 수 있다. 원래 여권 사진에 전자기기를 착용하는 것은 법적으로 금지되어 있다.

아이보그

색 센서는 네일 하비슨의
뒷머리에 장착되어서
그의 신체 일부분이 되었다.

나는 색깔을
들을 수 있다.

◇

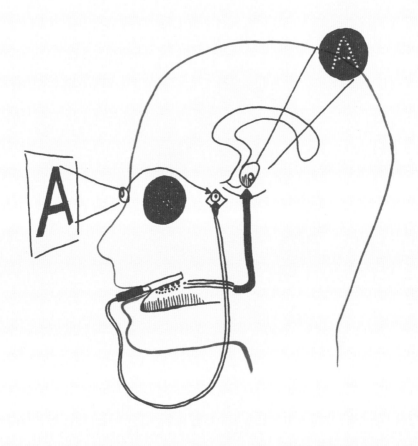

우리의 눈은
마음이 이해할 준비가 되어 있는 것만 본다.

철학자 앙리 베르그송(Henri Bergson)

두뇌로 보기

어떤 감각은 다른 감각으로 대체할 수 있다. 조금만 연습하면 입력된 지각은 직접적인 지각으로 바꿀 수 있다. 예를 들어 혀에 장착한 브레인포트를 통해 시각장애인이 볼 수 있게 된다. 우리는 세상이 우리에게 보여주는 대로 일단 곧이곧대로 받아들인다. 앞을 볼 수 없는 사람은 색깔이 무엇인지 알지 못하고, 듣지 못하는 사람은 소리에 대해 전혀 알지 못한다. 당사자들은 처음에는 무엇이 부족한지조차 모른다. 누구나 자기 자신만의 지각을 가지고 있기 때문이다. 내 눈에 어떤 사물이 터키색(밝은 청록색)으로 보인다고 해서 지하철에서 내 옆에 앉은 여성도 똑같이 그것을 터키색으로 본다는 보장은 없다. 다만 우리는 터키색으로 보기로 하자고 약속을 한 것뿐이다.

의식 확장
→ 79쪽

브레인포트

최초의 브레인포트는 1960년대에 과학자들이 시각장애인들이 다시 볼 수 있게 도와주는 일종의 터치 디스플레이가 처음 발명되었을 때 만들어졌다. 시각장애인의 이마에 장착된 비디오카메라가 영상데이터를 그의 등에 장착된 바이브레이터에 전달한다. 일주일 정도 연습과정을 거친 후 신호를 해석하고 장애물을 피해 다닐 수 있었다. 시각이 아니라 촉각을 통해서 어둠에 둘러싸인 두뇌에 빛을 가져다주었다. 미국의 시각장애인인 에릭 바이엔마이어는 브레인포트의 도움으로 에베레스트 산까지 등반할 수 있었다. 혀에 부착한 센서는 600개의 전극을 통해 두뇌에 영상을 보여준다. 얼마간의 연습을 통해서 자극들을 해석할 수 있게 된다. 이는 유럽인이 아라비아 글씨체를 판독하게 되는 것과 비슷한 원리다.

착각

**아기들은 마치
소프트웨어가 없는 하드웨어와 같다.**

진실

**아기들은 천재적이다.
이미 소프트웨어를 갖고 태어나기 때문이다.**

아기들의 천재성

작은 두뇌

두뇌의 하드웨어는 누구나 (무의식적으로) 스스로 작성하는 프로그램, 다시 말해 신경회로로 작동한다. 어떤 과제를 극복하고 어떤 문제를 해결했는지에 따라 이런 신경회로는 적응 도구상자와 같은 것의 도움으로 맞춰진다. 아기들의 발달과 행동을 보면 이미 태어날 때부터 두뇌 하드웨어에 소프트웨어가 들어 있다는 것을 알 수 있다. 그래서 전 세계의 모든 아기들이 똑같이 옹알이를 하고 (건강하거나 청각장애가 있는지 여부와 상관없이) 신생아들은 태어나서 몇 분 지나지 않아 얼굴과 비슷한 패턴을 인식하고 그쪽으로 고개를 돌린다. 아기들은 아주 일찍부터 세상이 어떻게 돌아가는지를 받아들인다. 아기들은 무의식적으로 새로운 경험에 관한 통계를 만드는데, 특히 모국어를 배우고 특별한 발음들을 배울 때 그렇다.

언어 천재

언어를 배우는 두뇌의 학습창은 태어나서 몇 년 동안 열려 있다. 일곱 살이 될 때까지 아이들은 언어 천재적인 면모를 보인다. 이런 능력은 사춘기가 되면서 점점 약해지다가 그 이후에 강하게 감소한다. 아기들은 한 살 때까지 모든 언어의 각 음을 구분할 수 있다. 하지만 나중에 이런 능력을 잃게 되고 우리는 음을 쉽게 구분하지 못한다. 그렇기 때문에 유럽인이 중국 음을 구분하기 힘들어하고 많은 아시아인들이 l과 r 소리를 잘 구분하지 못한다. 마지막으로 알아두어야 할 것이 하나 있다. 아기들은 실질적인 사람을 통해서 언어를 배우기 때문에 비디오나 녹음된 소리는 아기들의 흥미를 잘 끌지 못한다.

적응 도구

두뇌 하드웨어에는 태어날 때부터 소프트웨어가 들어 있다. 우리의 경험은 이 소프트웨어를 확장시킨다. 새로운 문제는 적절한 도구를 필요로 한다. '도구상자'는 경험에 의해 새로 구성되거나 특정한 문제를 해결하기 위해서 새로운 도구를 마련한다.

웃는 이모티콘
↓
아기는 웃는다.

슬픈 이모티콘
↓
아기는 운다.

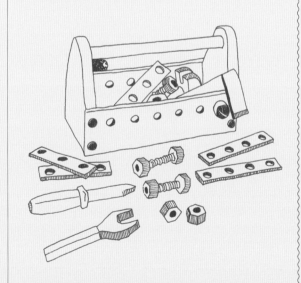

도표	무임승차객으로서의 의식	우리는 무의식적으로 똑똑하다

무임승차객으로서의 의식	우리는 무의식적으로 똑똑하다
프라이밍	주관적 검증
스포트라이트 효과	기대
카타르시스	순간
제3자 효과	자기 불구화 현상
매진	자기 실현적 예언
더닝 크루거 효과	허수아비 논법
비정상적 자극제	작화증
주입	연역의 기술
세상이 공정하다는 믿음	
정상화 편향	
좀비 시스템	
신경학적 현상들	
의식 확장	

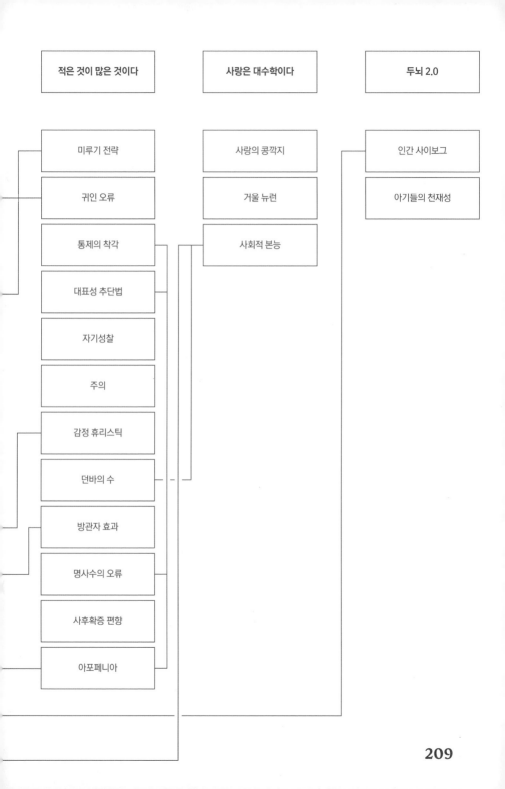

적은 것이 많은 것이다	사랑은 대수학이다	두뇌 2.0

미루기 전략	사랑의 콩깍지	인간 사이보그
귀인 오류	거울 뉴런	아기들의 천재성
통제의 착각	사회적 본능	
대표성 추단법		
자기성찰		
주의		
감정 휴리스틱		
던바의 수		
방관자 효과		
명사수의 오류		
사후확증 편향		
아포페니아		

참고 자료

인쇄물

Dorsch: Lexikon der Psychologie, 17. Auflage, herausgegeben von Antonius Wirtz, Hans Huber, Bern 2014

Eagleman, David: Incognito. Die geheimen Eigenleben unseres Gehirns, Campus, Frankfurt a. M. 2012

Gigerenzer, Gerd: Bauchentscheidungen. Die Intelligenz des Unbewussten und die Macht der Intuition, Goldmann, München 2008

Grimm, Fred: Das Indiviuum erodiert, Dummy Gesellschaftsmagazin, Ausgabe 16, Thema 'Ich', Herbst 2007, S.20 ff

Hesse, Christian: Warum Mathematik glücklich macht: 151 verblüffende Geschichten, C.H. Beck, München 2012

McRaney, David: Ich denke, also irre ich. Wie unser Gehirn uns jeden Tag täuscht, mvg, München 2012

노래 가사

THERE'S SOMEONE IN MY HEAD BUT IT'S NOT ME

핑크 플로이드의 노래 'Brain Damage'의 가사 중

영화 & 비디오/영상

드라마 셜록
Die Hunde von Baskerville, BBC, 2012, Staffel 2, Folge2

CARDINI, PAOLO
Forget Multitasking, TED Talks, 2012, ted.com/talks/paolo_cardini_forget_multitasking_try_monotasking.html

FISHER, HELEN
The brain in love, TED Talks, 2008, www.ted.com/talks/helen_fisher_studies_the_brain_in_love.html

GREENFIELD, SUSAN
Facebook-Home could change our brains, telegraph.co.uk/technology/facebook/9975118/Facebook-Home-could-change-ourbrains.html

GREENFIELD, SUSAN
abc.net.au/news/2014-11-20/neuroscientist-warns-young-brains-being-reshaped-by-technology/5906140

HARBISSON, NEIL
Ich höre Farben, TED Talks, 2012, ted.com/talks/neil_harbisson_i_listen_to_color.html

KUHL, PATRICIA
Die sprachliche Genialität von Babys, TED Talks, 2010, ted.com/talks/patricia_kuhl_the_linguistic_genius_of_babies.html

→

온라인

에이브러햄 링컨
de.wikipedia.org/wiki/Abraham_Lincoln

오스트레일리아 파이어비틀
de.wikipedia.org/wiki/
Australischer_FeuerPrachtkäfer

아야와스카
de.wikipedia.org/wiki/Ayahhuasca

바넘 효과, 포러 효과
de.wikipedia.org/wiki/Barnum-Effekt

찰스 맨슨
de.wikipedia.org/wiki/Charles_Manson

체 게바라
de.wikipedia.org/wiki/Che_Guevara

데자뷔
de.wikipedia.org/Déjà-vu

유니콘
de.wikipedia.org/wiki/Einhorn

파이트클럽
de.wikipedia.org/wiki/Fight_Club_(Film)

고드프리 해롤드 하디
de.wikipedia.org/wiki/Godfrey_Harold_Hardy

에르큘 포와로
de.wikipedia.org/wiki/Hercule_Poirot

신성한 토스트
news.bbc.co.uk/2/hi/4034787.stm

휴 헤프너
de.wikipedia.org/wiki/Hugh_Hefner

버나비 경감
de.wikipedia.org/wiki/Inspector_Barnaby

잔 다르크
de.wikipedia.org/wiki/Jeanne_d'Arc

짐 존스
de.wikipedia.org/wiki/Jim_Jones

존 E. 리틀우드
de.wikipedia.org/wiki/
John_Edensor_Littlewood

존 F. 케네디
de.wikipedia.org/wiki/John_F._Kennedy

오언증
de.wikipedia.org/wiki/Koprolalie

커트 코베인
de.wikipedia.org/wiki/Kurt_Cobain

LSD
de.wikipedia.org/wiki/LSD

마하트마 간디
de.wikipedia.org/wiki/Mahatma_Gandhi

사일로시브 멕시카나
de.wikipedia.org/wiki/Mexikanischer_Kahlkopf

마이클 무어
de.wikipedia.org/wiki/Michael_Moore

미스 마플
de.wikipedia.org/wiki/Miss_Marple

맥각
de.wikipedia.org/wiki/Mutterkorn

마이아토닉 염소
de.wikipedia.org/wiki/Myotonic_Goat

페요테 선인장
de.wikipedia.org/wiki/Lophophora_williamsii

피니어스 게이지
nzz.ch/das-bildnis-des-phineasgage-1.3522069

감각질
de,wikipedia,org/wiki/Qualia

경직
de,wikipedia,org/wiki/Schreckstarre

자기가치에 도움이 되는 왜곡
de,wikipedia,org/wiki/
Selbstwertdienliche_Verzerrung

스티브 어클
en,wikipedia,org/wiki/Steve_Urkel

죽음의 본능
spektrum,de/lexikon/biologie/thanatose/66160

토머스 네이글
de,wikipedia,org/wiki/
Thomas_Nagel_(Philosoph)

비정상적 자극제
spektrum,de/lexikon/neurowissenschaft/
uebernormaler-schluesselreiz/13361

무의식
de,wikipedia,org/wiki/Das_Unbewusste

부두교 베베
de,wikipedia,org/wiki/Veve

감사의 글

감사합니다

가족과 친구

먼저 우리 가족과 친구들에게 깊은 감사의 말을 전하고 싶습니다. 존재 자체만으로도, 친구가 되어주어서, 내 얘기를 들어주고 기분전환을 시켜주고, 영감과 자극을 주고 나의 여행을 함께 해주어서 감사합니다. 우리 아이젠브라운 가족인 어머니와 아버지, 벤네, 할아버지, 티나. 그리고 친구들 노라 슈퇴거러, 지모네 퇼레, 카타리나 뤼트, 크리스틴 슐로더, 막스 룸멜, 율리아 니어벡, 제시카 마이어, 엘라 샤우베, 되르테 마츠케, 안네 한젠, 베네딕트 보크스헤커, 한나 히케, 안나 얀센, 레나 코노프카, 카롤린 슈틸러, 일카 헬미흐 그리고 포름두세.

출판사

뮌헨 출판그룹 팀원들에게 감사의 인사를 전합니다. 특히 올리버 쿤, 대니엘라 리페, 바네사 호퍼베르트와 안트예 슈타인호이저에게. 이 책이 나올 수 있게 저를 신뢰해주시고 도와주시고 함께 보낸 흥미진진한 시간에 감사드립니다.

어리석음과 자만은
일맥상통한다.